Naufrágios sem espectador
A ideia de progresso

FUNDAÇÃO EDITORA DA UNESP

Presidente do Conselho Curador
Herman Jacobus Cornelis Voorwald

Diretor-Presidente
José Castilho Marques Neto

Editor-Executivo
Jézio Hernani Bomfim Gutierre

Conselho Editorial Acadêmico
Alberto Tsuyoshi Ikeda
Áureo Busetto
Célia Aparecida Ferreira Tolentino
Eda Maria Góes
Elisabete Maniglia
Elisabeth Criscuolo Urbinati
Ildeberto Muniz de Almeida
Maria de Lourdes Ortiz Gandini Baldan
Nilson Ghirardello
Vicente Pleitez

Editores-Assistentes
Anderson Nobara
Henrique Zanardi
Jorge Pereira Filho

PAOLO ROSSI

NAUFRÁGIOS SEM ESPECTADOR
A IDEIA DE PROGRESSO

TRADUÇÃO DE
ÁLVARO LORENCINI

Copyright © 1995 by Società Editrice Il Mulino
Título original em italiano: *Naufragi senza spettatore*.
L' idea di progresso.
Copyright © 1996 da tradução brasileira:
Fundação Editora da UNESP (FEU)
Praça da Sé, 108
01001-900 – São Paulo – SP
Tel.: (0xx11) 3242-7171
Fax: (0xx11) 3242-7172
www.editoraunesp.com.br
www.livrariaunesp.com.br
feu@editora.unesp.br

Dados Internacionais de Catalogação na Publicação (CIP)
(Câmara Brasileira do Livro, SP, Brasil)

Rossi, Paolo, 1923-
Naufrágios sem espectador: a ideia de progresso / Paolo Rossi; tradução de Álvaro Lorencini – São Paulo: Editora UNESP, 2000.
– (Ariadne)
Título original: Naufragi senza spettatore. L'idea di progresso.
Bibliografia.
ISBN: 85-7139-278-1
1. História – Filosofia 2. História moderna. 3. Progresso
I. Título. I. Série
00-00445   CDD-909

Índice para catálogo sistemático
1. Progresso: História moderna   909

Editora afiliada:

Asociación de Editoriales Universitarias
de América Latina y el Caribe

Associação Brasileira de
Editoras Universitárias

À idolatria do progresso contrapôs-se a da sua maldição: somaram-se assim *dois lugares comuns*.
Paul Valéry

Jamais houve uma época que não se sentisse *moderna*, no sentido excêntrico do termo, e não acreditasse estar diante de um abismo iminente. A lúcida consciência desesperada de estar no meio de uma crise decisiva é algo crônico na humanidade.
Walter Benjamin

Quanto à história como corrida contínua, só os mais progressistas filósofos do progresso fazem de conta que ela se desenvolve *ad finem*: por isso convém apressar-se e superar a todos para estar sempre bem à frente... A outros, porém, é permitido vagabundear porque são capazes de compreender que a estratégia mais promissora em relação à atualidade não consiste absolutamente em aumentar a própria velocidade de ação e de aprendizagem, mas pelo contrário em esperar relaxados que o curso do mundo, no ato de ultrapassar-nos vindo repentinamente de trás, passe à nossa frente.
Odo Marquard

Sumário

Preâmbulo para os não filósofos sobreviventes do ocaso do Ocidente   9

1 Naufrágios sem espectador   23

2 Sobre as origens da ideia de progresso   47

3 *De progressu rerum cogitata et visa*   111

Advertência   145

Índice onomástico   147

PREÂMBULO PARA OS NÃO FILÓSOFOS
SOBREVIVENTES AO OCASO DO OCIDENTE

1 Funcionários do Departamento de Estado teorizam o fim da história, jornalistas de prestígio improvisam-se como filósofos e, pela enésima e certamente não pela última vez, teorizam o ocaso da civilização ocidental. O último (por enquanto) desses ocasos é elegantemente apresentado por Pietro Ottone como um longo, um tanto extenuante e dourado outono para se viver tranquilo e relaxado, numa confortável poltrona. Finalmente, neste ocaso, "Compreendemos os acontecimentos do passado, seu significado, suas conexões ... Experimentamos sobretudo uma emoção estética: é como se estivéssemos no teatro, assistindo a um espetáculo ... Somos espectadores de teatro; de acordo com a representação, extáticos e comovidos, mas também tranquilos e serenos, porque aos espectadores nada pode acontecer ... A consciência do mal futuro, longe de estragar o prazer do bem presente, até mesmo o intensificou".[1]

O conhecido julgamento de György Lukács sobre a filosofia de Schopenhauer, julgamento que primeiro seduziu e depois irritou tantos filósofos da minha geração, pode ser aplicado aqui em completa e absoluta tranquilidade: um elegante e moderno *hôtel*, provido de todo o conforto, ergue-se à beira do abismo; este último acrescenta "uma fascinação excitante a esse prazer da vida" e "a vista diária do abismo, em meio a agradáveis festins e produções artísticas, só pode aumentar o gosto desse *confort* refinado".[2] Estamos hoje quase todos de acordo em considerar esse julgamento uma caricatura da filosofia de Schopenhauer. Ottone teve sucesso numa empresa que pareceria impossível: escrever um livro agradável e elegante contendo no seu interior, enunciado como uma verdade pensada em primeira pessoa, um julgamento caricatural. Uma espécie de duplo salto mortal: fazer uma bela caricatura de uma caricatura.

Assim confortavelmente sentados, em meio a tanta elegância e a uma atmosfera de tão derramada doçura, em vão se lança o olhar em torno à procura desesperada de algum Musil que tenha a força de pensamento e a aguda inteligência que atravessam as nunca assaz meditadas *Observações para os leitores sobreviventes ao ocaso do Ocidente*. Mas é inteiramente lícito pensar que para aqueles funcionários e jornalistas, assim como para outros inúmeros e agitados personagens que teorizam o Fim, essas páginas são totalmente desconhecidas.

Caso contrário, poderiam ser levadas em alguma consideração as observações presentes naquele texto: pensando com base em analogias e aproximações, é realmente fácil construir todas as hipóteses possíveis e *ter razão em cada caso*: "Existem borboletas amarelo-limão e existem chineses amarelo-limão; em certo sentido pode-se então dizer: a borboleta é o chinês anão alado centro-europeu ... Toma forma pela primeira vez o pensamento de uma correspondência jamais considerada até agora entre a antiguidade da fauna lepidóptera e a da civilização chinesa. Que a borboleta tenha asas e o chinês não, é um mero fenômeno de superfície".[3]

Alguns dos mais felizes entre os textos "apocalípticos", construídos com base no método da analogia chineses-borboletas, transitam de um gênero literário para outro e, felizmente, passada apenas uma década, tornam-se textos decididamente humorísticos. Para certificar-se, basta tentar reler hoje um livro (escrito também para um público amplo) inteiramente construído conforme aquele método pouco recomendável e intitulado *Il Medioevo prossimo venturo*. O autor, Giuseppe Vacca, naqueles anos estava inteiramente convicto de que nos tínhamos tornado muito mais capazes que nossos pais e predecessores para efetuar "previsões e planificações". Com base nessa fé inabalável nas capacidades de diagnóstico e de programação do saber contemporâneo, descrevia com riqueza de detalhes as razões do iminente desmoronamento da civilização. Projetava com minúcia grupos clandestinos que, como os monges do fim da Idade Média, prepararia o Novo Renascimento. A seu ver, seria oportuno que os grupos "conservadores de cultura" fizessem provisões de "sal, açúcar, álcool, brocas de diamante, parafusos de aço inoxidável, cabos de cobre, munição para armas leves".

Diferentemente dos autores de livros de ficção científica, Giuseppe Vacca fantasia com seriedade e escreve num estilo seco. Narra com o ar majestosamente distante de quem "está fazendo ciência". Parece a caricatura de um dos tantos *world-makers* ou *fludd-makers* ferozmente criticados pelos newtonianos dos primórdios do século XVIII. Tem até a delicadeza de advertir os leitores de que, com essas bases, considera-se autorizado a falar "de uma época intermediária que está apenas no início, enquanto da Idade Média só se começou a falar depois de terminada". Só quinze anos mais tarde ele anuncia, com ênfase não menor, os albores de um novo e também iminente Renascimento. Tenta fornecer uma "receita" para construí-lo. Nesse caso também tem a delicadeza de enviar uma importante mensagem aos seus leitores: "para preparar um novo Renascimento ... obviamente não pode existir uma receita-padrão".[4]

2 Creio que nenhum filósofo jamais sentirá necessidade de discutir analiticamente as afirmações contidas nas obras a que fiz referência e nos inúmeros outros livros de divulgação escritos sobre esses mesmos assuntos no último meio século. É justo que assim seja. Porque, nessas afirmações, os filósofos corretamente veem apenas a cansativa repetição de teses presentes em livros de maior envergadura e rigor,

escritos em outros tempos. As considerações sobre a civilização, sobre a decadência, sobre a história como esquecimento do Ser, desenvolvidas por Spengler, Toynbee, Heidegger, Löwith, parecem-lhes aqui, como efetivamente são, banalizadas, tornadas inteiramente inócuas e insignificantes.

Todavia, quando teses filosóficas significativas e inquietantes, sobre as quais se refletiu e se discutiu longamente no passado, são intensamente apregoadas, tornando-se mercadoria difundida e modos comuns de pensar, quando se apresentam como obviedades, dão vida a livros que "vendem bem", é permitido também aos professores de filosofia sentir nas mãos o peso das ideias na história, a capacidade que elas têm (num tempo não necessariamente longo) de transformar os modos de pensar e de viver, de modificar e orientar os comportamentos, de se tornar o fundo sobre o qual se colocam as biografias dos homens e das mulheres, sobretudo as vidas de inúmeros adolescentes.

Esses últimos (como sem dúvida ocorre hoje na Europa), *creem* de verdade e intensamente no Ocaso da Civilização, identificam a Natureza com a Inocência e teorizam a sua Sacralidade; fazem um uso contínuo e cotidiano de máquinas da mais variada espécie e natureza e ao mesmo tempo detestam tudo o que é *artificial*, odeiam a indústria, a química, a tecnologia, a modernidade; mostram-se mais sensíveis aos massacres de filhotes de foca do que de crianças africanas ou brasileiras; são hostis ao presente em nome de uma inédita mistura de nostalgia pelo passado e expectativa sobre o futuro; associam, numa alarmante fusão, tradicionalismo de direita e utopismo de esquerda, comportamentos nostálgicos e futurísticos; veem a Natureza como uma Deusa Amiga e o homem como o Inimigo dessa benevolente Divindade; defendem o localismo e zombam do universalismo; aderem enfim (em muitos casos) a posições de radical anti-humanismo sem nunca ter lido nem Spengler nem Heidegger. Sem nunca ter ouvido falar deles.

3 Em algumas patologias da mente, como se sabe, fases maníacas alternam-se com fases depressivas. Mas até na vida

chamada normal, como é sabido, não é nada difícil passar da exultação ao medo, do otimismo ao pessimismo, dos excessos de confiança aos injustificados temores. A *inversão* pura e simples do confiante otimismo para uma visão trágica ou apocalíptica da história, por si só, não é absolutamente um fato positivo, nem oferece, por si só, qualquer garantia de "maior profundidade". A imagem do filósofo imperturbável, olímpico e sereno, não atingido pelas vicissitudes do mundo, apareceu desde sempre na história da filosofia entrelaçada com a imagem do filósofo atormentado, inquieto e angustiado, envolvido em problemas com os quais ele (ao contrário do vulgo) decidiu heroicamente medir-se. Ao ditado comum "aceitar as coisas com filosofia" não corresponde outro ditado igualmente comum que seja expressão da segunda imagem. Isso depende provavelmente do fato de que a segunda imagem é a mais difundida e a mais valorizada exclusivamente *dentro* da policroma comunidade dos filósofos profissionais.

Aquela *inversão*, enquanto tal, serve somente para documentar que os percursos dos modos de pensar são sempre historicamente oscilantes, que as teses contrárias sempre se remetem uma à outra, como espelho uma da outra, que na história das ideias existem realmente aqueles "movimentos pendulares" dos quais falava Arthur O. Lovejoy há mais de meio século.

Uma das análises mais agudas do intercâmbio mútuo que se verifica entre crenças progressistas e angústias apocalípticas foi conduzida por Odo Marquard, num ensaio que remonta a 1984. As "isenções" ou as vantagens que a cultura concede ao homem – escreve Marquard remetendo a algumas páginas de A. Gehlen – primeiro são acolhidas com simpatia, depois se tornam óbvias, por último se vislumbra nelas o imimigo. À fase do trabalho entusiasta segue-se a do consumo indiferente, que por sua vez é seguida pela angústia e pela recusa sistemática daquilo que antes era considerado uma conquista. Nesta fase terminal, "quanto maior for o número de doenças que a medicina vencer, tanto mais forte se torna a tendência a considerar como doença a própria medicina; quanto maiores forem as vantagens que a química trouxer à vida do homem, tanto mais ela é suspeita de ter a finalidade exclusiva de envenenar a humanidade". Justamente "a libertação das ameaças faz tornar-se ameaçador aquilo que a liberta".

Mesmo sem compartilhar a tese de Marquard (e de Gehlen), segundo a qual "os homens são naturezas conservadoras que renunciam a contragosto até ao mal", é difícil não compartilhar o diagnóstico que vê neste fim de milênio e nesta parte do mundo a presença de "uma espécie de nostalgia do mal-estar por parte do mundo do bem-estar" (o que, traduzido naquela linguagem filosófica, equivale a dizer que "justamente a isenção do negativo é o que predispõe à avaliação negativa do fator isentivo"). Talvez não exista de fato — como quer Marquard — "uma lei de conservação da necessidade de negatividade", mas é difícil entretanto (repensando também a história recente) não aceitar como inteiramente realista uma parte central da sua descrição: "quanto mais a democracia parlamentar poupa aos homens violência e repressão, tanto mais levianamente a qualificam como repressiva; quanto mais o direito toma o lugar da violência, tanto mais o direito é ao final considerado como violência, ainda que 'estrutural'; em suma, quanto mais a cultura retira a hostilidade do real, tanto mais é a própria cultura que é considerada o inimigo".[5]

4 Quero tentar resumir (adotando a forma pouco agradável da enumeração) os pontos que procurei esclarecer (ou melhor, os problemas que tentei identificar) nos capítulos que compõem este livro. Neles, procurei mostrar: 1. que na própria origem da modernidade esteve presente uma tensão entre esperanças de novidades extraordinárias e angústias de catástrofes iminentes; 2. que o tema do naufrágio das civilizações está presente, com uma força extraordinária, no pensamento de um dos chamados grandes "precursores" da ideia de progresso; 3. que a imagem do chamado progresso "linear", por conseguinte, aparece desde as origens do moderno, contaminada por (ou entrelaçada com) a ideia

de um andamento "ondulatório" ou simplesmente "cíclico" das vicissitudes da história; 4. que na cultura do século XVII o nascimento de uma nova "imagem da ciência" está estreitamente ligado à ideia de um crescimento ou avanço do saber; 5. que interveio portanto um vínculo bastante profundo entre os diagnósticos negativos do próprio tempo e as razões de esperança pelo futuro; 6. que a tese da "superioridade dos modernos" não constituiu apenas uma resposta ao "culto pelos antigos" presente no Humanismo; 7. que em muitos expoentes da nova filosofia tendem a perder sentido tanto o ideal da *imitatio* como o da *aemulatio,* e essa perda de sentido está ligada à ideia do caráter *único* da própria época, que não é concebida como similar a uma época desaparecida e depois renascida; 8. que a tese do caráter cumulativo do saber adquire um sentido mais preciso quando considerada em relação à ideia, presente na tradição hermética e na *prisca theologica*, de uma antiquíssima e imóvel sapiência que está nas origens da história; 9. que essa tese "cumulativa" está estreitamente ligada à recusa do caráter iniciático e secreto do saber e à afirmação de um ideal "democrático" da ciência; 10. que essa tese tem conexão com as afirmações, nascidas no âmbito de perspectivas e interesses diversos, relativas à história da terra e às origens "bárbaras e rudes" do gênero humano; 11. que a ideia de um avanço do saber e de um crescimento do gênero humano, presente de maneira variada desde a época de Bruno até a de Newton, tem características diferentes das que são próprias do progresso tal como este foi concebido por alguns conhecidos expoentes do pensamento tardo-iluminista e positivista; 12. que a reflexão sobre o caráter "ambíguo" da técnica esteve presente desde as origens da modernidade; 13. que nenhum dos expoentes da chamada Revolução Científica jamais afirmou que a libertação do homem pudesse ser confiada à ciência e à técnica enquanto tais: a restauração do poder humano sobre a natureza, o avanço do saber só têm valor se realizados num contexto mais amplo que concerne – em conjunto e simultaneamente – à religião, à moral, à política; 14. que, também no que concerne à época do positivismo,

é muito difícil defender a tese de uma "crença no progresso" e de um desaparecido "mundo da segurança", que caracterizaria um século de história europeia: a chamada "crença média" dos intelectuais europeus (admitindo-se que tenha sentido falar dela) naquele período também estava continuamente infiltrada de um mar de dúvidas e era regular e sistematicamente recolocada em discussão;
15. enfim, que o tema do *advancement* concebido como viagem num Oceano desconhecido, como empresa arriscada e plena de imprevisíveis aventuras deve ser considerado perfeitamente distinto — tanto do ponto de vista histórico como teórico — do tema ou do mito do progresso: o primeiro é sustentado por incertas, embora "razoáveis", esperanças; o segundo tem todas as características de uma *crença* que faz apelo a uma filosofia da história ou à existência de uma relação necessária entre aumento do saber-poder e crescimento moral. Viver (diferentemente do que fazem os Tradicionalistas) com o olhar voltado também para o futuro, crer que a história não é apenas Tradição, mas também Inovação, é coisa muito diferente de crer na existência (quer seja passada ou futura) de um Paraíso Celeste ou Terreste.

Sobre a fragilidade das construções temporais, sobre a inconsistência dos séculos monoparadigmáticos, sobre o caráter totalmente imaginário de entidades do tipo "episteme de um século", sobre as caricaturas da época barroca, do iluminismo ou do positivismo construídas neste século pelos pós-modernistas ou pelos seguidores de Foucault, já insisti longamente no passado, de tal modo que basta aqui pura e simplesmente remeter ao que escrevi no ensaio "Idola' della modernità", depois publicado no livro *Paragone degli ingegni moderni e postmoderni*.[6] É oportuno apenas trazer à mente do leitor não especialista que os sinônimos do termo *idola*, amplamente empregados pelo Lorde Chanceler são *fictions, superstitions, errors, spectra, volantes phantasiae*. Pode-se portanto esclarecer o significado daquele título e também a ambiguidade do genitivo traduzindo-o como *esvoaçantes fantasias em torno da modernidade*.

5 Chegar, pelo curso da história, a lugares desconhecidos, imprevistos e não programados é uma experiência que, muitas vezes no curso de sua vida, fazem quase todos os seres humanos que não vivem dentro das imóveis "sociedades frias". Aqueles que, como os historiadores, se esforçam para identificar os percursos cumpridos em outros tempos pelos homens ou pelas ideias no Ocidente repetem essa mesma experiência muitas e muitas vezes, com uma frequência toda particular. Quando insistem sobre a variedade e multiplicidade das tradições, sobre a irremediável variedade das ideias, sobre os muitos desacordos que caracterizam a história, quando interpretam a variedade como constitutiva da fisiologia e não de uma patologia do mundo das ideias, quando pensam na história como uma viagem não programada nem programável, os historiadores (inclusive os da filosofia) estão totalmente conscientes de gerar em muitos filósofos um invencível sentimento de enfado. É como se apresentassem continuamente novas anomalias para quem construiu um quadro unitário e harmonioso, como se sublinhassem a presença de problemas irresolutos específicos para quem elaborou um teorema considerando-o completo e perfeito. Precisamente por essa razão alguém escreveu que a beleza do trabalho do historiador consiste principalmente na arte de "embaralhar as fábulas".

Justamente porque lidam com narrações e não com demonstrações, os historiadores estão habituados à variedade das interpretações e arriscam-se a manifestar uma suficiente dose de tolerância mesmo diante de interpretações tão diferentes que beiram a incompatibilidade. Sabem que a história consiste em reescrever e reinterpretar, em procurar (e eventualmente encontrar) dentro das tradições significados novos e ocultos. Adotam, salvo poucas e não relevantes exceções, aquele comportamento que Nicholas Rescher chamou de *copernicanismo cognitivo* e que consiste em afirmar que a nossa posição no tempo não é cognitivamente privilegiada e que, por conseguinte, a diferença de interpretações dos nossos predecessores é em tudo e por tudo igual à diferença das nossas interpretações aos olhos dos nossos sucessores.[7]

A história da filosofia andou se entrelaçando, neste último século, com muitas outras histórias. E os resultados mais importantes foram conseguidos nesse terreno. No que diz respeito especificamente à historiografia mais recente sobre o tema do progresso, o livro de Gennaro Sasso *Tramonto di un mito:* l'idea di progresso fra Ottocento e Novecento[8] representa uma grande e insubstituível contribuição justamente porque consegue analisar, num contexto muito mais amplo e articulado do que aquele tradicionalmente "filosófico", os "pensamentos" de filósofos e escritores, de historiadores, cientistas e pensadores políticos. Só dentro daquele contexto também os grandes clássicos da filosofia contemporânea revelam significados inesperados e só dentro daquele contexto se projetam numerosas e realmente relevantes "conexões insólitas" que lançam luzes também sobre os pensamentos dos filósofos. Por isso não compartilho a opinião (compartilhada pelo menos em parte pelo próprio autor) segundo a qual naquele livro "procuram fundir-se, mas conseguem apenas contaminar-se" "história das ideias" e "história do pensamento".[9] Não compartilho por duas razões. A primeira é que não é absolutamente clara para mim a distinção entre as duas "histórias" e não creio que seja possível esclarecê-la. A segunda razão tem a ver com a terminologia. *Fusão* é um termo "positivo" que faz pensar em nobres lavas de metal incandescente ou em secretas e eleitas correspondências entre almas. *Contaminação,* ao contrário, traz à mente coisas desagradáveis como germes, introdução de substâncias nocivas, infecções. Um termo um tanto solene demais, mas certamente menos carregado de ressonâncias emotivas como "estratégias de recombinação", tem sido empregado por muitos para indicar os percursos que conduziram àqueles processos *híbridos* que no saber contemporâneo abrangeram (com resultados extremamente positivos e altamente apreciáveis) territórios cada vez mais amplos das ciências naturais e das chamadas ciências humanas (inclusive historiografia).

Todos os entrelaçamentos e conexões que caracterizam a história das ideias (inclusive das ideias "filosóficas") foram e são porém cuidadosamente evitados pelo gênero *acadêmico* de história da filosofia, que supera incólume todas as crises e as reviravoltas da cultura e certamente não está destinado a desaparecer rapidamente. Aqueles que o praticam – suscitando as aflições comuns dos historiadores – consideram que a história da filosofia consiste pura e simplesmente em *expor* ou em *resumir* os assuntos *já expostos* pelos grandes ou menos grandes filósofos do passado. Como muitos dos assuntos expostos e resumidos são complicados e difíceis, esses autores arvoram-se eles próprios em filósofos e como tais são entusiasticamente saudados por aqueles que veem em seus livros imitáveis exemplos de uma história deveras e finalmente *filosófica* da filosofia.

Esse tipo de história faz uso de textos que já foram *selecionados* por uma consolidada (às vezes antiga ou mesmo antiquíssima) tradição. No melhor dos casos limita-se a explicar acrescentando notas. Dentro desse tipo de história jamais se interroga sobre a origem dos percursos empreendidos, sobre as múltiplas possibilidades não escolhidas. Para usar uma eficiente metáfora de Carlo Augusto Viano, "enfia-se numa espécie de funil de sentido único, começando na embocadura larga e terminando na extremidade estreita, da qual só sai o que de 'bom' foi selecionado entre o farto material entrado pela embocadura larga". Não se leva em conta o fato de que frequentemente "só as sombras projetadas pelos produtos finais dão a ilusão de ver logo já formadas as coisas que saíram da confusão", ou da variada e compósita vida de coisas que no passado muitas vezes se transformaram e se misturaram.[10]

Essas pseudo-histórias na realidade não têm quase nada a ver com "o prazer de descobrir, pôr em relação, organizar um percurso, pôr em causa, direta ou indiretamente, as certezas do presente".[11] O juízo mais agudo sobre esse gênero literário largamente cultivado e provavelmente imperecível parece ter sido formulado por B. Kuklick: "Os defensores da *história canônica* da filosofia renunciam à variedade na exploração das ideias do passado em troca daquilo que um subgrupo de praticantes da filosofia julga relevante no passado da filosofia. A construção da história tradicional da filosofia não está baseada num erro; está baseada numa frágil curiosidade pelo passado".[12]

A percepção da não previsibilidade dos eventos e dos efeitos sociais derivados da "recaída" das ideias caracteriza tanto o senso comum quanto (num nível diverso) o trabalho historiográfico. Essa percepção só não é compartilhada, em nosso século, por certo número de filósofos e por aqueles patéticos personagens (distribuídos igualmente entre os mais variados ofícios, artes e profissões) que "sabiam sempre antes" onde se chegaria e que, como quer que as coisas sejam, adotam a anteriormente exposta e largamente praticada metodologia do chinês-borboleta e em tudo o que acontece veem infalivelmente apenas uma confirmação das suas previsões ou de seus sistemas. Infelizmente, quando têm a oportunidade ou a possibilidade não só de expor suas ideias, mas de exercer o poder, esses personagens não permanecerão apenas patéticos, mas se tornarão extremamente perigosos, às vezes mortíferos.

Por esses motivos também, parece-me que a coisa menos deselegante a fazer, ao encerrar o preâmbulo de um livro dedicado à ideia de naufrágio das civilizações e à ideia de progresso, é utilizar o significado original do termo "*revolutio*" e pôr fim ao discurso remetendo ao seu início, ou pelo menos a um texto do mesmo autor que foi lembrado no ponto de partida: "O caminho da história não é o de uma bola de bilhar, que segue uma inflexível lei causal; assemelha-se mais ao de uma nuvem, a alguém que vai perambulando pelas ruas e que é desviado aqui por uma sombra, ali por um grupo de pessoas ou pelo espetáculo de uma praça barroca, e por fim chega a um lugar que não conhecia e aonde não desejava ir".[13]

6 Eu deveria, como sempre, agradecer a muitas pessoas e a muitos amigos. Limitar-me-ei a exprimir aqui o meu reconhecimento àqueles a quem recorri para ajuda sobre pontos específicos: Ubaldo Fadini, Antonello La Vergata, Michela Nacci.

O meu quarto netinho Guido estará no terceiro ano primário no início do novo milênio. Dedico a ele este livro augurando-lhe que, sem crer no mito do progresso, possa sempre alimentar "razoáveis esperanças" pelo seu próprio futuro e pelo das mulheres e homens do seu tempo.

Notas

1. F. Fukuyama. *La fine della storia e l'ultimo uomo*. Rizzoli, 1993 [Ed. bras. *O fim da história e o último homem*. Trad. Aulyde Soares Rodrigues. Rio de Janeiro: Rocco, 1982]. P. Ottone. *Il tramonto della nostra civiltà*. Milano: Mondadori, 1994, p.292-3.
2. G. Lukács. *La distruzione della ragione*. Torino: Einaudi, 1959, p.248.
3. R. Musil. *La conoscenza del poeta*. C. Monti (Org.), Milano: Sugarco, 1979, p.94-5.
4. G. Vacca. *Il Medioevo prossimo venturo*. Milano: Mondadori, 1971; *Rinascimento prossimo venturo*. Milano: Mondadori, 1986, p.15.
5. O. Marquard. *Apologia del caso*. Bologna: Il Mulino, 1991, p.131-4. Cf. A. Gehlen. *L'uomo*. La sua natura e il suo posto nel mondo. Milano: Feltrinelli, 1983, p.89-90. Sobre o tema veja-se U. Fadini, *Configurazioni antropologiche*. Napoli: Liguori, 1991, p.105-51.
6. Bologna: Il Mulino, 1989.
7. N. Rescher. *I limiti della scienza*. Roma: Armando, 1990, p.107.
8. Bologna: Il Mulino, 1984.
9. G. Sasso, *Tramonto di um mito*, op. cit., Prefazione, p.8.
10. C. A. Viano. Il tempo e la storia. *Iride*, v. VII, p.224-31, 1994 (p.227).
11. J. Starobinski, Entretien avec Jacques Bonnet. *Cahiers pour un temps*, Paris: Centre G. Pompidou, 1985, p.12.
12. B. Kuklick. Sevent hinkers and how they grew. In: R. Rorty, Schneewind, J. B., Skinner, Q. (Org.) *Philosophy in history*: essays on the Historiography. Cambridge: Cambridge University Press, 1986, p.125-39 (p.138).
13. R. Musil, *L'uomo senza qualità*. Torino: Einaudi, 1957, p.349. [Ed. bras. *Homem sem qualidades*. Trad. Lya Luft. Rio de Janeiro: Nova Fronteira, 1989. (Grandes romances)].

1
NAUFRÁGIOS SEM ESPECTADOR

1 Metáforas marinhas

O mar, lembra Hans Blumenberg, é a metáfora da inconstância, do risco, do movimento, contrapostos à certeza, à segurança, à estabilidade da terra firme. O texto do *Novum Organum,* como todos sabem, é precedido de uma ilustração que representa um oceano dentro do qual, ultrapassando as colunas de Hércules, aventura-se a caravela do saber. *Multi pertransibunt et augebitur scientia:* não se deve esquecer a profecia de Daniel (12: 4) sobre os últimos tempos do mundo, adverte-nos o Lorde Chanceler no *Novum Organum* (I, 93): é na vontade do destino ou da providência que exploração do mundo e aumento do saber coincidem numa mesma época. A viagem não oferece certezas, mas apenas esperanças. A viagem oceânica é uma longa e imprevisível aventura e não se assemelha absolutamente às viagens de Platão e de Pitágoras, que os antigos celebravam como grandes empresas mas pareciam excursões aos arredores de uma cidade.[1] Aquela viagem implica o abandono preliminar de antigas seguranças e de arraigados modos de pensar. Para pôr-se em viagem e para enfrentar "as vias incertas, difíceis e solitárias"[2] daquela aventura, é necessário que o intelecto primeiro se purifique e ponha em discussão a si próprio: a sua própria estrutura inata, a sua linguagem, os seus conteúdos "aprendidos". Quando se orientavam só pelas estrelas, os homens conseguiam no máximo bordejar os continentes e atravessar mares menores e mediterrâneos. Para transpor o oceano e descobrir um novo mundo foi necessária a descoberta da bússola. Ao lado da invenção da imprensa e da pólvora explosiva, a descoberta da bússola e as viagens oceânicas revolucionaram a história do mundo; modificaram a posição do homem. Nenhum império, nenhuma escola filosófica, nenhuma estrela tiveram sobre a história humana um efeito maior do que tiveram aquelas invenções. São elas que tornam as filosofias dos antigos não mais utilizáveis. Após ter navegado pelo mundo material e descoberto novas terras, os homens não podem continuar confiando o seu destino a cinco ou seis cérebros e renunciar à exploração do mundo intelectual.[3]

As referências ao que veem e ao que fazem os marinheiros, as imagens do mar, da navegação, do navio, retornam várias vezes nos textos de Francis Bacon. A água salgada do mar fortemente percutida pelos remos produz às vezes reflexos, o mesmo fazendo a espuma do mar durante as tempestades, dando lugar àquele fenômeno que os espanhóis chamam de "pulmão marinho". E ainda não se sabe bem o que seja aquela espécie de chama que os antigos marinheiros chamavam de "Castor e Pólux" e que os modernos denominam "fogo-de--santelmo".[4] Há um trecho da *Redargutio Philosophiarum* que é todo entremeado de analogias marinhas:

> A Nave da filosofia dos gregos parece ser única ... o espírito humano sempre iça as velas para recolher as brisas da fantasia popular...[5]

Na *Descriptio globi intellectualis* a luneta de Galileu é comparada a uma nave:

> Congratulamo-nos com a indústria dos mecânicos, com o zelo e a energia de certos homens cultos que, pouco tempo

atrás, com a ajuda de novos instrumentos óticos, como se estivessem usando chalupas ou pequenas barcas, começaram a tentar novos comércios com os fenômenos do céu.[6]

No *Novum Organum* retoma-se a metáfora e explicitamente o nome de Galileu:

> Do segundo tipo (de instrumentos) são aquelas lentes que Galileu inventou com memorável esforço. Por meio delas, como se fossem barcos ou navios, podemos instaurar e manter relações próximas com os corpos celestes.[7]

A metáfora da viagem arriscada implica, necessariamente, a do naufrágio. Nos textos baconianos, trata-se de um naufrágio coletivo. Este não é visto, como ocorre na perspectiva lucreciana examinada por Blumemberg, por um espectador que, da terra, observa aquela tragédia distante e, daquele espetáculo, extrai para si mesmo sensações de conforto e motivos de renovada segurança. Não se refere aos indivíduos, mas às civilizações. A metáfora do naufrágio retorna numa série de passagens referentes à história, ao tempo e às coisas que, da remota Antiguidade, chegaram até nós.

2 As tábuas do naufrágio

No texto do *Advancement* (1605), Bacon limita-se a afirmar que a cultura dos últimos séculos não é muito inferior à dos dois "períodos" grego e romano.[8] Cerca de dois anos mais tarde, nos *Cogitata et Visa*, ele afirma a existência de longos períodos de tempo que, no que se refere ao saber, são estéreis e amplos. A história do mundo cresceu e se enriqueceu de infinitos experimentos e observações, mas o temor do novo e o comportamento superficial assumido em relação à Antiguidade impede os homens de ter esperança no futuro. Não é o caso de deixar-se impressionar demais pela duração do consenso em relação à doutrina dos antigos:

Mesmo a longa duração, se examinada com atenção, reduz-se a bem pouco, porque em cerca de 25 séculos de história dos quais se conserva memória, mal se podem destacar cinco que tenham sido favoráveis e frutuosos para as ciências *(scientiarum proventui utiles et feraces);* e mesmo nesses, na maioria das vezes, foram cultivadas ciências diferentes daquela da natureza *(aliis scientiis non illa de natura).* É possível enumerar só três revoluções ou períodos *(doctrinarum revolutiones et periodi)* do saber: um com os gregos, outro com os romanos, o último nos países da Europa ocidental. O resto da história do mundo é pleno de guerras e de outros estudos e, no que se refere à produção das ciências, não passa de um estéril deserto *(quoad scientiarum segetem sterilia et vasta inveniri).*[9]

A *Redargutio Philosophiarum* (1608) tem características muito diferentes dos *Cogitata et Visa*.[10] Aqui se apresenta a imagem (destinada a ser retomada e desenvolvida mais tarde) da filosofia de Aristóteles semelhante à tábua que flutua no mar depois de um grande naufrágio. Remetendo ao Evangelho de João (5: 43), Bacon aproximava aqui (como já tinha feito no *Advancement*) a figura de Aristóteles à do Anticristo ou Príncipe dos Impostores. Terá seguidores aquele que usurpa a autoridade e vem em seu próprio nome. Se há alguém em filosofia que veio em seu próprio nome, este é Aristóteles, que desprezou a tal ponto a Antiguidade que só se dignou nomear algum filósofo antigo para desprezá-lo e insultá-lo. Semelhante ao seu discípulo Alexandre, que subjugou todas as nações, Aristóteles destruiu a variedade das filosofias. Assemelha-se a um príncipe da estirpe dos otomanos, que pensavam não poder reinar sem antes assassinar todos os seus irmãos.[11]

Bacon, como se sabe, contrapunha à filosofia de Platão e de Aristóteles os mais antigos filósofos naturais. Nas homeomerias de Anaxágoras, nos átomos de Leucipo e Demócrito, no céu e na terra de Parmênides, na discórdia e amizade de Empédocles, no fogo de Heráclito, está presente "um sabor da filosofia natural, da natureza das coisas, da experiência, dos corpos" *(Novum Organum,* I, 63) que foi se perdendo quando a filosofia voltou-se ela própria para o mundo interior em vez da natureza, para problemas de caráter moral e linguístico, abandonando a pesquisa severa das coisas naturais.[12] Aristóteles tentou apagar a memória dos seus predecessores, mas não é verdade que as obras dos antigos filósofos tenham sido imediatamente esquecidas depois que ele triunfou sobre elas por força de sua autoridade:

> É bem sabido que na época mais culta do Império Romano muitos escritos dos antigos gregos foram mantidos intactos. Embora não lhe faltasse o desejo, Aristóteles jamais teria conseguido destruí-los se Átila, Gensérico e os godos não lhe fossem de valiosa ajuda. De fato, só depois que a ciência dos homens sofreu um naufrágio é que aquela tábua da filosofia aristotélica, sendo de matéria mais leve e menos sólida, conseguiu salvar-se e, uma vez destruídos todos os outros competidores, foi aceita.[13]

Com uma reviravolta tão ousada, Bacon coloca os "pré-socráticos" num nível superior àquele em que deve ser colocado Aristóteles, o destruidor do pluralismo filosófico. No ponto em que muitos de seus contemporâneos viam apenas fragmentos esparsos, Bacon vê uma solidez de pensamento que, justamente por essa sua extraordinária qualidade, afundou nas ondas do tempo. Nos textos até aqui considerados, Bacon avançou duas teses. A primeira faz referência a "épocas" da história do saber, a períodos de maior ou menor densidade cultural intercalados de longos períodos de estagnação que, pelo menos no que concerne à ciência da natureza, são semelhantes a desertos. A segunda tese, expressa com a metáfora das tábuas do naufrágio, afirma que nem tudo aquilo que chegou até nós representa por isso um valor. O leito sobre o qual corre o rio do tempo está cheio de resíduos de valores perdidos.

A partir do *De Sapientia Veterum* de 1609 essas teses foram reformuladas numa perspectiva muito mais geral. Tornam-se uma espécie de filosofia ou de *visão geral da história e do seu andamento*. Agregam-se a uma visão de cíclicas florescências e decadências dos estados e dos corpos políticos. Está presente a imagem de uma congênita depravação do homem que, nos intervalos, abre épocas de desolação. Aparece também outra ideia: aquelas tábuas de naufrágio podem reemergir em lugares diferentes de onde afundaram, em tempos e lugares diversos. Está presente por fim o tema da *vicissitudo rerum*, ao qual Bacon dedicará um de seus ensaios:

> As próprias obras da sapiência, embora se sobressaiam entre as coisas humanas, são sempre fechadas dentro de períodos particulares. Ocorre de fato que a um momentâneo florescimento dos reinos e dos Estados sigam-se perturbações, sedições e guerras, nos estrépitos das quais primeiro calam-se as leis, enquanto os homens retornam às congênitas depravações e se vê a desolação nos campos e nas cidades. Não muito tempo depois (se tais furores forem contínuos) também as letras e a filosofia serão certamente feitas em pedaços: de tal modo que os seus fragmentos se encontram apenas em poucos lugares, como as tábuas de um naufrágio, e sobrevêm os tempos de barbárie (enquanto as águas do Hélicon submergem sob a terra). Ao fim, pela natural vicissitude das coisas, as tábuas reemergem e permanecem: talvez não nos mesmos lugares, mas junto a outras nações.[14]

3 As razões da esperança e os fluxos e refluxos do tempo

Citei por extenso, no parágrafo anterior, um texto dos *Cogitata et Visa*, um da *Redargutio Philosophiarum* e um do *De Sapientia Veterum*. Em 1620, ano de edição da *Instauratio Magna* e do *Novum Organum*, Bacon tinha publicado só o terceiro. Na obra impressa a partir de 1620 todos esses textos são retomados e reutilizados.

No "Praefatio" ao *Novum Organum* volta, num contexto mais amplo, a afirmação de que "o Tempo, semelhante a um rio, transportou até nós as coisas leves e infladas deixando afundar as sólidas e pesadas".[15] Isso depende do fato de que, embora sejam várias as formas dos Estados, o estado das ciências sempre foi e sempre será democrático: junto ao povo valem em grau máximo as doutrinas contenciosas e pugnazes que conseguem seduzir as almas e coagi-las ao consentimento. As especulações mais altas são sistematicamente subvertidas e sufocadas pelos ventos das opiniões vulgares.

O aforisma 77 do primeiro livro do *Novum Organum* retoma a tese de um "domínio sobre o passado" exercido pela filosofia de Aristóteles. É totalmente falso o que se pensa sobre o desaparecimento das mais antigas filosofias após o aparecimento da filosofia de Aristóteles. Até os tempos de Cícero e mesmo nos séculos seguintes aqueles escritos eram conhecidos. Quando o saber, "com a invasão dos bárbaros, foi subvertido como num naufrágio, as filosofias de Aristóteles e de Platão, qual tábuas de madeira leve e menos sólida, salvaram-se das ondas do tempo". Átila, Gensérico e os godos desapareceram e foram substituídos pelo mais genérico "bárbaros". Mas ao nome de Aristóteles juntou-se agora o de Platão.[16]

O aforisma 78 retoma quase literalmente as afirmações presentes nos *Cogitata et Visa:*

> Um tão grande número de séculos, para quem considera atentamente, se reduz a bem pouca coisa: de fato, entre 25 séculos, nos quais se estende a memória e o saber dos homens, é possível escolher e separar apenas seis que foram fecundos de ciência e úteis pelo seu progresso. Como a Terra, também o Tempo tem os seus trechos desertos e desolados. Na realidade, podem ser enumerados só três períodos ou revoluções do saber: uma entre os gregos, uma segunda entre os romanos, uma terceira entre nós, ou seja, entre as nações da Europa ocidental. A cada um desses três períodos é possível atribuir com muito custo dois séculos. As épocas intermediárias, embora se refiram à bondade e à abundância das produções científicas, foram infelizes: de fato, não é o caso de recordar os árabes e os escolásticos que, na Idade Média, esmiuçaram as ciências em numerosos tratados mais do que contribuíram para aumentar a sua importância. A primeira causa de um tão limitado progresso nas ciências deve portanto ser razoavelmente atribuída à escassez dos tempos propícios a elas.[17]

As diferenças entre os dois textos não são relevantes. A observação sobre a presença de zonas desérticas na história do mundo transformou-se aqui numa tese de caráter mais geral. Os cinco séculos favoráveis ao progresso das ciências tornaram-se seis. Acrescenta-se agora que a cada um dos três períodos é possível atribuir dois séculos. Está presente por fim uma consideração sobre os períodos intermediários. O contexto em que está inserido o aforisma é o mesmo da obra anterior: a história do saber só aparentemente é longa e os "tempos propícios" foram na realidade muito escassos.

No seu livro *Revolution in science*, Bernard I. Cohen dedicou algumas páginas à discussão minuciosa do texto do aforisma 78, reproduzido acima. Nele, Bacon (como se viu) fala das únicas três revoluções e períodos do saber (o grego, o romano e o contemporâneo do Ocidente) que podem ser reconhecidos quando se observa a longa história do gênero humano. O texto latino afirma: *"Tres enim tantum doctrinarum revolutiones et periodi recte numerari possunt"*. Cohen tem toda a razão: as traduções inglesas que dizem *"three revolutions and epochs of philosophy"* forçam o sentido do texto porque a introdução do termo "época" leva depois a atribuir ao termo "revolução" o significado de ruptura radical ou descontinuidade com o passado. Como a minha tradução[18] apresenta "revoluções e épocas da ciência", não só reconheço que a minha versão, neste caso específico, não é satisfatória, mas também reconheço (coisa que em geral evito cuidadosamente fazer) a superioridade da tradução do meu ilustre amigo, colega e companheiro de estudos baconianos na Itália, Enrico De Mas, que traduziu mais exatamente "períodos", embora depois tenha a meu ver inutilmente utilizado *"revolutiones"* como "retornos".[19] O conhecimento dos textos de um autor é sempre uma coisa complicada. Tanto mais quando se trata, como no caso de Bacon, de um escritor que se repete muito e escreve com um processo de estratificações sucessivas de textos. Cohen não demonstra conhecer a existência das passagens que recordei no parágrafo 2, nem a de uma passagem do *The Advancement of Learning*,[20] que indubitavelmente comprova a sua tese mas torna de certo modo inútil toda a discussão. Naquela passagem, Bacon faz de fato referência aos três períodos de florescimento do saber e usa a expressão *periods or returns of learning*. Quando Bacon traduziu essa passagem em latim, fez uso da expressão *doctrinarum periodi aut revolutiones*.[21] Um ponto deve ser entretanto reforçado. Bacon usa *"revolutio"* no significado "astronômico", totalmente tradicional, de um movimento que volta continuamente sobre si próprio. Não pensa na *revolutio* como um evento traumático que gera situações novas. Também nesse caso uma imagem "marinha" nos dá plenamente o sentido do horizonte em que se move: o fluxo e o refluxo da maré. Ao movimento de fluxo e refluxo é mais uma vez juntado o termo *"revolutio"*:

> Os homens prudentes e severos ... pensam que no volver dos tempos e das idades do mundo (*per temporum et aetatum mundi revolutiones*) as ciências têm seus fluxos e refluxos (*fluxus et refluxus*), que, em determinados tempos, elas crescem e florescem, em outros declinam e estacionam, de modo que, quando atingem certo grau de desenvolvimento, não podem avançar ulteriormente.[22]

Todavia, Bacon, que dá grande importância a essa tese, atribuindo-a, poucas linhas depois, a "homens graves e de severo juízo", não a considera aceitável. Não é verdade que não se possa avançar ulteriormente. Ele não crê que não existam razões de esperança. Sabe que quem manifesta esperanças é logo considerado impotente e imaturo e que se diagnosticam imediatamente inícios alegres e um final confuso. O entusiasmo pelas empresas não deve refrear a severidade dos juízos. É preciso deixar de lado "os ventos leves da esperança" e aprofundar as razões que nos autorizam a alimentá-la. Para não pecar por ingenuidade é oportuno fazer uso daquela "sabedoria política que desconfia por princípio e prevê sempre o pior nas coisas humanas". O discurso sobre as razões de esperar, a *ostensio spei*, é uma parte não secundária da preparação das mentes e da *Instauratio Magna*. Os leitores apressados esqueceram isso com frequência. Mas da metade do aforisma 92 até o aforisma 114 inclusive, o texto do *Novum Organum* é inteiramente dedicado a enumerar as 21 razões que autorizam a alimentar "razoáveis esperanças" num difícil e incerto futuro. Sem a *ostensio spei* a grande reforma da filosofia baconiana serviria apenas para entristecer ainda mais os homens, induzi--los a uma opinião ainda mais baixa e vil daquilo de que dispõem atualmente, fazê-los sentir, de modo ainda mais vivo, a infelicidade da sua condição.[23] No fim do aforismo 92 volta outra vez a imagem do Oceano e Bacon remete (e se compara) ao grande navegador que ousou pela primeira vez transpor as colunas de Hércules:

> Devemos expor agora, publicamente, as conjeturas que tornam razoáveis as nossas esperanças: como fez Colombo antes da sua admirável navegação atlântica, quando aduziu as razões da sua confiança de poder descobrir novas terras e novos continentes, além daqueles já conhecidos. As suas razões, de início recusadas, foram depois comprovadas pela experiência e se tornaram causa e começo de grandes eventos.[24]

Se algo permaneceu desconhecido durante muito tempo, tinha já escrito Bacon no *Advancement*, considera-se que deverá permanecer desconhecido para sempre. Os homens sempre temem que o tempo se tenha tornado velho e inadequado à geração. Antes que uma coisa seja realizada pensam que jamais poderá ser realizada. Tão logo seja realizada, admiram-se de que não tivesse sido realizada antes. Aconteceu com Colombo o mesmo que com Alexandre, que primeiro foi criticado por querer tentar coisas impossíveis e depois elogiado por Lívio só por ter desprezado as vãs apreensões. Nas coisas intelectuais isso acontece com maior frequência ainda: as proposições de Euclides parecem estranhas e distantes do senso comum antes de demonstradas como verdadeiras; uma vez demonstradas, a mente as acolhe por uma espécie de "retroação" (como a chamam os juristas), como se já tivessem sido conhecidas e esclarecidas desde antes.[25]

4 *Vicissitudo rerum*

O ensaio "Of vicissitude of things" (ausente da edição de 1597 e de 1612 mas presente na de 1625) abre-se com uma citação do Eclesiaste (1:10): "Não há nada de novo sobre a terra" e com uma referência a Platão, que "imaginava que cada pensamento nosso fosse apenas reminiscência" e se encerra com a "sensação de vertigem" que deriva "de fixar demasiado tempo o olhar sobre a rotação vorticosa das vicissitudes humanas".[26] O rio Letes corre tanto sobre quanto sob a terra. A matéria flui sem jamais deter-se e só as coisas que permanecem constantes e imutáveis – a distância entre as estrelas fixas e a perpétua regularidade do movimento diurno – impedem que os indivíduos tenham a duração de um átimo. Os dilúvios e os terremotos são os grandes sudários que sepultam no esquecimento homens e países, ao passo que conflagrações e grandes secas jamais conseguem destruí-los. Aos grandes dilúvios e terremotos sobrevivem apenas alguns montanheses ignorantes que não sabem transmitir nada do passado. O esquecimento "é completo como se ninguém tivesse sobrevivido". Os povos das Índias Ocidentais são mais jovens que os do Velho Mundo e é provável que uma série de dilúvios locais tenham destruído as mais antigas populações. Como demonstrou Napoleão Orsini há mais de meio século, a dívida intelectual de Bacon em relação a Maquiavel é muito profunda. Neste caso, Bacon tem presente o texto dos *Discursos* (o célebre capítulo 5 do segundo livro) e o utiliza amplamente. Mas lembra de maneira acidental essa sua fonte e desde o início toma distância do seu autor. Depois de falar dos habitantes das Índias Ocidentais, Bacon insere – e no texto a observação se configura como um inciso – a sua consideração crítica em relação a Maquiavel.

> Segundo Maquiavel, o ódio sectário foi a causa do esquecimento de muitas coisas: a esse propósito, ele cita de fato o exemplo de Gregório Magno que fez tudo o que podia para destruir as antiguidades pagãs. Mas eu não creio que seme-

lhantes furores fanáticos tenham efeitos grandes ou duradouros; vemos de fato que a Gregório sucedeu Sabiniano, o qual fez de tudo para restabelecer as tripudiadas antiguidades.[27]

A passagem a que Bacon se refere é a seguinte:

quando surge uma seita nova, seu primeiro cuidado é criar uma reputação, extinguir a velha ... Coisa essa que se conhece considerando o comportamento que teve a seita Cristã contra a Gentílica, a qual eliminou todas as ordens, todas as cerimônias da outra, e apagou toda memória daquela antiga teologia ... E quem ler as atitudes adotadas por são Gregório e por outros chefes da religião cristã verá com quanta obstinação foram perseguidas todas as memórias antigas, queimando as obras de poetas e historiadores, arruinando as imagens e estragando qualquer outra coisa que tivesse algum sinal da antiguidade.[28]

Esse trecho, como demonstrou amplamente Gennaro Sasso, é uma das "chaves", ou simplesmente a "chave" mais adequada à solução dos muitos problemas postos por aquele famoso capítulo dos *Discursos*.[29] Maquiavel – escreve Sasso – tinha ouvido Savonarola que evocava os feitos de Gregório Magno dando crédito à lenda que o considerava propenso a queimar e destruir a cultura antiga. Interpretou essas afirmações (e as outras suas fontes sobre o assunto) dentro de uma visão da história na qual a religião, uma vez perdida toda dignidade sobrenatural, "entra apenas como a nota constitutiva de um universo duro e cruel, que da eternidade não conhece outra lei afora aquela que, no seu imóvel e imperecível teatro, assinala a vicissitude amarga do nascimento e da morte, da vitória e da derrota – a história infeliz do mundo eterno, que não nasce e não morre".

Sob o signo dessa "lei" necessária, que todavia não conhece providência, o fundamento aristotélico e portanto "pagão", não cristão, que Maquiavel sotopõe à sua concepção da História, assume, conscientemente ou não, coloridos "averroístas".[30]

Era difícil dizer melhor. Desse julgamento emerge com clareza também a distância (que tinha escapado totalmente a Orsini) entre as teses de Maquiavel e as de Bacon. O único reparo que se pode fazer a Sasso diz respeito a duas afirmações marginais: "o trecho é muito marcante; e surpreende que jamais tenha sido sublinhado na sua peculiaridade"; "é interessante todavia observar que a referência a são Gregório não tinha escapado ao autor anônimo do *Theophrastus redivivus*".[31] Antes daquele autor anônimo tampouco o Lorde Chanceler o tinha deixado escapar.

Diferentemente de Maquiavel,[32] Bacon não é um defensor da tese herética da eternidade do mundo. Contra essa tese ele toma posição explícita numa obra da tardia maturidade, o *De principiis atque originibus secundum fabulas Cupidinis et Coeli*: sive Parmenidis et Telesii et praecipue Democriti philosophia tractata in fabula de Cupidine. Quem indaga sobre a natureza segundo os princípios desta afirma a eternidade da matéria e nega a eternidade do mundo tal como o vemos. Essa tese está presente na "prisca sapiência" e na filosofia de Demócrito que é o filósofo que mais se aproximou dela. As Sagradas Escrituras atestam a mesma coisa. Para elas também a matéria vem de Deus. Aqueles filósofos a colocam como vinda por si mesma. Os dogmas que aprendemos por fé sobre esse assunto são três: 1. que a matéria foi criada do nada; 2. que a produção do sistema (*eductio systematis*) ocorreu pela onipotência do Verbo e não que a matéria se tenha produzido por si mesma do Caos nesse esquematismo; 3. que esse esquematismo, *ante prevaricationem,* foi o melhor entre aqueles que a matéria (como foi criada) podia receber. Aquelas filosofias porém têm horror pela criação a partir do nada, julgam que o esquematismo se produziu após muitos movimentos da matéria e não se preocupam com o ótimo porque concebem o esquematismo como algo caduco e variável.

Nestas coisas – conclui Bacon – é preciso ater-se à fé e às suas firmes doutrinas. Mas se aquela matéria criada, após longos movimentos de séculos, pudesse recolher-se e volver àquele ótimo esquematismo pela força nela inserida originariamente (coisa que, deixando as evoluções, ela continuou fazendo por ordem do Verbo) talvez não devesse ser pesquisada (*non inquirendum fortasse est*). Porque é o mesmo milagre e é próprio da mesma onipotência tanto a representação do tempo quanto a formação do ente (*tam repraesentatio temporis quam efformatio entis*). Parece então que a natureza divina quis prover-se de uma e de outra manifestação da onipotência: primeiro, operando de maneira onipotente sobre o ente e a matéria, e portanto criando o ente do nada; segundo, operando sobre o movimento e sobre o tempo, acelerando o processo do ente e antecipando a ordem da natureza.[33]

Esse texto (que deve ser acrescentado aos muitos já assinalados por Luca Bianchi)[34] é ao mesmo tempo importante e difícil, requerendo um comentário mais amplo. Resulta claro entretanto que em Bacon estão presentes múltiplos temas totalmente estranhos às posições muito mais radicais de Maquiavel. Bacon, embora aceitando muitas teses de Maquiavel, quer diferençar-se dele sobre um ponto realmente central: pretende retirar a verdadeira religião, que é "construída sobre rocha", do "tempestuoso mar do tempo" no qual, justamente por causa do nascimento contínuo de novas seitas, todas as outras religiões são "balançadas". A mesma posição "atomística" e "democrítica" podia de resto ser utilizada para objetivos não "ateus", mas "religiosos". Essa "purificação" do atomismo mediante a introdução da ideia de criação será tentada por muitos: "uma filosofia tradicionalmente tachada de impiedade transformava-se assim no melhor antídoto contra aquele 'absenteísmo divino' que muitos, especialmente no âmbito protestante, consideravam a antessala do ateísmo".[35] Exatamente nessa direção e confirmando a sua radical aversão ao aristotelismo tinha ido Bacon no ensaio *Of Atheism*:

> É mil vezes mais fácil crer que quatro elementos variáveis e uma imutável quinta essência, dispostos em ordem estável, possam privar-se de Deus do que supor que um exérci-

to de inúmeras partículas ou sementes não organicamente dispostas tenham podido produzir, sem ajuda divina, toda esta ordem e toda esta beleza.[36]

Embora posições desse tipo sejam repetidas muitas vezes no curso de toda a sua obra, é difícil não perceber que em Bacon atua com força uma concepção cíclica do tempo. A *vicissitudo rerum* é um conceito central e não marginal na sua filosofia. E o mesmo vale para as noções, examinadas no parágrafo anterior, de "revolução", "retorno", "período", "fluxo e refluxo". Para Bacon as culturas aparecem como florescimentos momentâneos, como produtos raros e de breves períodos, destinados a ser arrastados e submersos no rio do tempo, fazendo emergir, como tábuas de um naufrágio, seus produtos menos nobres e severos. "No mundo repetem-se os mesmos casos."[37] Os grandes impérios se enfraquecem e destroem o vigor dos povos conquistados, com a ilusão de que podem protegê-los.[38] As formas políticas parecem-lhe semelhantes a organismos:

> Quando um Estado é jovem, nele florescem as armas; atingida a maturidade, floresce a cultura; depois ambas as coisas durante certo tempo; por fim, nos períodos de decadência, predominam a técnica e o comércio. A cultura tem seu período de infância quando seu início é apenas pueril; depois, torna-se juvenilmente florida e promissora; madura, mostra-se sólida e concentrada, até que, envelhecendo, resseca exaurindo-se.[39]

A insistência sobre a decadência, a morte, o transcorrer, o desaparecimento dos valores não é casual. Não só é verdade que "grandes sudários" envolvem de tempos em tempos a história, mas também é verdade, como pensava Maquiavel, que a própria memória daquilo que aconteceu está destinada a desaparecer sem deixar qualquer traço. Os versículos 1:10-11 do Eclesiastes ("*Quid est quod fuit? ipsum quod futurum esse. Quid est quod factum est? ipsum quod faciendum est. Nihil sub Sole novum*" – "Aquilo que foi será e aquilo que se fez é o que se refará. Nada de novo acontece sob o sol") foram citados, além de Bruno e muitíssimos outros autores, também por Francis Bacon. Mas ele, que citava de memória o texto bíblico, do qual era um conhecedor profundo, certamente conhecia também o versículo imediatamente posterior:

> *Non est priorum memoria, sed nec eorum quidem, quae postea futura sunt, erit recordatio apud eos, qui futuri sunt in novissimo.* [Não existe lembrança dos predecessores, mas nem daqueles que virão a ser existirá lembrança para os que viverão em seguida.]

5 Conclusões

Coexistem em Bacon posições que, pelo menos em aparência e julgando com base nos modernos manuais de história da filosofia, não deveriam coexistir e que podem (em todo caso) parecer totalmente contraditórias. Na sua filosofia, simplificando muito, convivem de maneira variada:

1) atomismo materialístico	fé cristã
2) visão cíclica da história	esperança no progresso;
3) concepção cíclica do tempo	fé cristã
4) concepção cíclica do tempo	negação da tese aristotélica da eternidade do mundo.

Quanto ao primeiro ponto, remetemos às considerações desenvolvidas na precedente seção 4 sobre a "inserção" do criacionisno dentro do paradigma mecanicista e corpuscularista. Vem a esse propósito o nome de Robert Boyle. No ensaio *"About the excellency and grounds of the mechanical hypothesis"* a tese que reconciliava mecanicismo e criacionismo vem expressa com singular clareza. Na base da "reconciliação" estava uma escolha precisa: o problema da *origem* do mundo aparecia distinto e separado do de sua *descrição*. As leis da natureza começam a operar só depois que o universo foi formado. Elas não valem de modo algum para explicar a saída do universo do Caos originário. No momento em que exalta a excelência da filosofia mecânica e corpuscular, Boyle traça duas linhas de demarcação. A primeira serve para distingui-lo de Demócrito e de Epicuro, a segunda, dos cartesianos. A filosofia corpuscular ou mecânica não deve ser confundida nem com o epicurismo nem com o cartesianismo:

> Falo a favor de uma filosofia que trate das coisas puramente corpóreas e que, distinguindo entre a primeira origem das coisas e o posterior curso da natureza, ensina, no que concerne à primeira origem, não só que Deus conferiu movimento à matéria, mas que no início Ele guiou de modo tal os vários movimentos de suas partes a fim de inseri-los organicamente no projeto de mundo que deveria ser formado ... e a fim de estabelecer aquelas regras do movimento e aquela ordem entre as coisas corpóreas, que estamos habituados a chamar leis da natureza. Tendo dito isso quanto ao primeiro ponto [a primeira origem das coisas], pode-se afirmar acerca do segundo [o posterior curso da natureza] que ele ensina o seguinte: uma vez que o universo foi estruturado por Deus e foram determinadas as leis do movimento ... os fenômenos do mundo assim constituídos são fisicamente produzidos pelas características mecânicas das partes da matéria e pelas suas recíprocas operações segundo as leis da mecânica.[40]

Como fará depois também Isaac Newton, Bacon e Boyle refutam com vigor a ideia "epicurista" e "cartesiana" de que o mundo possa ter sido "o produto" de leis mecânicas. A cosmologia de Newton, como já foi salientado muitas vezes, não é de modo algum "evolucionista". Os *Principia* são uma descrição do universo "no período de tempo que transcorre entre os dois polos absolutos da criação e da destruição final".[41]

Para o segundo ponto também remetemos o leitor ao que é dito na precedente seção 3. Desde o século XVII, sempre ficou claro a todos os intérpretes que a filosofia de Bacon tem algo a ver com o tema do *advancement* e com a história da ideia de progresso.[42] Os nossos tempos, repetiu ele muitas vezes, têm a vantagem de usufruir de quase dois mil anos de acontecimentos e de experiências, além do conhecimento, antes ignorado, de dois terços da superfície terrestre.[43] Mas como a de muitos grandes filósofos modernos, a filosofia de Bacon é bastante "ambivalente" e não se deixa encerrar facilmente dentro de um esquema. No pensamento de um filósofo que muitos consideraram apenas como o defensor do progresso tecnológico e o apóstolo entusiasta e meio despreparado da civilização industrial, surgem com vigor temas que são próximos da tradição de Lucrécio e que revelam a leitura de Maquiavel: o retorno da barbárie, o ciclo ou a roda do tempo que faz reemergir os restos de anteriores naufrágios em lugares novos e próximo a povos diferentes.

A filosofia de Bacon (e o mesmo discurso poderia ser repetido para Giordano Bruno) fornece um ótimo exemplo da esterilidade das definições atuais da modernidade como "idade do tempo linear" e da "superação", como época "dominada pelo desenvolvimento histórico do pensamento como incessante e progressiva iluminação". Insisti em outro lugar sobre a contínua e persistente *copresença*, na modernidade, de uma concepção unilinear e de uma concepção cíclica do tempo.[44]

David Kubrin mostrou que no próprio âmago da filosofia natural newtoniana (que em grande parte coincide com aquilo que chamamos de física moderna) está solidamente aninhada (ainda que cautamente expressa) uma concepção cíclica do tempo. Newton – afirma Kubrin – é levado às especulações cosmogônicas justamente pela sua recusa da tese da eternidade do mundo. Em antítese com essa ideia, ele compartilha com muitos de seus contemporâneos a tese de um declínio progressivo dos poderes e das regularidades do cosmos:

> Uma vez decidido que o cosmos declinava, Newton procurou um mecanismo mediante o qual o Criador pudesse periodicamente renovar a quantidade de movimento e a regularidade dos movimentos dos corpos celestes. Encontrou tal mecanismo nos cometas ... Essa visão do cosmos não explicava apenas a renovação da quantidade de movimento, mas tam-

bém a contínua, cíclica recriação do sistema e o seu sucessivo desenvolvimento no tempo até o momento da nova criação.[45]

A noção de declínio, entre os adeptos de Newton, vem associada à alegre expectativa da dissolução e consequente reconstrução do mundo:

> A notável descoberta [do princípio de gravitação] foi a feliz ocasião para a invenção da maravilhosa filosofia newtoniana, que eu vejo como um prelúdio e uma preparação àqueles tempos felizes da restituição de todas as coisas de que falou Deus (Atos, 3:21) desde quando o mundo teve início.[46]

A reforma do saber é apresentada por Bacon como uma interpretação do cristianismo. A *Instauratio* configurou-se *também* como uma tentativa de reconquistar aquilo que o pecado nos tinha tomado, como um retorno a um passado distante e perdido, a antigas e felizes condições de vida. O avanço do saber é um longo e difícil caminho que tende a reconduzir o homem próximo de seu originário estado de perfeição. O futuro é também o cumprimento de uma antiga promessa.[47]

Os ciclos, os retornos, as "revoluções", os ritmos da história não implicam necessariamente a repetição idêntica dos mesmos fatos. Temas de derivação astrológica podiam conjugar-se seja com os temas escatológicos referentes à Cidade ideal, seja com as esperanças de uma radical renovação. Como tinha acontecido em Campanella:

> *Se fu nel mondo l'aurea età felice*
> *ben essere potrà più che' una volta*
> *che si ravviva ogni cosa sepolta*
> *tornato il giro ov'ebbe la radice*[48]

[Se houve no mundo a áurea idade feliz
bem poderá mais uma vez haver
que toda coisa morta torne a viver
voltando o ciclo onde teve a raiz]

Relativamente ao terceiro e ao quarto pontos é deveras difícil aceitar como válida ainda hoje a drástica contraposição presente em Karl Löwith ou em Mircea Eliade entre o tempo linear da modernidade e o tempo cíclico dos gregos.[49] As relações entre as duas visões do tempo complicaram-se enormemente: mostraram a presença de um entrelaçamento onde se havia teorizado uma rígida dicotomia. A convivência entre as duas imagens do tempo foi por certo difícil e a incompatibilidade entre elas foi sem dúvida observada por muitos. Mas isso certamente não equivale a eliminar o fato histórico da presença simultânea dessas duas imagens numa mesma cultura ou num mesmo pensador. A redescoberta das ciências grega e árabe havia obrigado a Escolástica medieval a assimilar uma visão do mundo físico totalmente estranha à vaga cosmologia bíblica e à alta Idade Média. Como esclareceu Tullio Gregory numa série de estudos importantes, um amplo conjunto de tratados teológicos assume a tarefa de fazer a apocalíptica bíblica entrar dentro do esquema da cosmologia aristotélica. Na "explosão" de textos astrológicos que caracteriza o Ocidente latino impõe-se uma concepção do mundo e uma visão da história em que "a causalidade dos céus constitui um ponto central essencial e uma doutrina universalmente aceita".[50] "Nenhum erudito põe em dúvida – escreve Tomás – que todos os movimentos naturais dos corpos inferiores são causados pelo movimento do corpo celeste: isso é provado pela razão dos filósofos, resulta claro pela experiência, é confirmado pela autoridade dos santos".[51] A utilização da tradição astrológica greco-árabe no sistema cristão comportou "polêmicas, condenações, ambíguas concordâncias", mas a nova concepção do mundo físico

> comportava a retomada da concepção do tempo histórico característica da astrologia da tardia Antiguidade e do mundo árabe: os grandes eventos que dão ritmo à história da humanidade, às migrações dos povos e à sucessão dos reinos, ao nascimento dos profetas e das religiões, estão escondidos no céu ... A história é dividida em períodos que refletem os períodos das figuras celestes, segundo arcos de tempo (como o

arco da vida) dos quais é possível conhecer e prever o nascimento, o desenvolvimento, o fim.[52]

O tempo e o rio do tempo; os "retornos", as "revoluções" e os fluxos e refluxos do tempo; os períodos de florescimento e os "trechos desertos e desolados"; as épocas propícias ao saber e as infecundas; as grandes epidemias, as invasões dos bárbaros, o naufrágio das culturas e as tábuas do naufrágio que chegaram até nós: essas imagens e os temas filosóficos que a elas estão ligados retornam com insistência numa série de textos escritos por Francis Bacon em épocas diferentes da sua vida.

A imagem do eterno movimento dos astros está ligada aos ciclos que se repetem, à uniformidade, à persistência de leis imutáveis. A imagem do mar liga-se não só ao movimento regular do fluxo e refluxo, mas também à inconstância, ao risco, ao movimento, à aventura. Talvez seja verdade o que escreveu, há muitos anos, um crítico ilustre: a imagem que Shakespeare tem do mar é a de um mundo em tempestade considerado do ponto de vista de um espectador em terra firme; as imagens de Bacon estão ligadas à experiência de um homem navegando num navio ou numa barca.[53] Uma coisa todavia me parece certa: não é absolutamente verdadeiro, como crê Howard B. White,[54] que a metáfora baconiana do mar e da navegação se destine a lembrar os triunfos e aventuras exaltantes sem também os riscos e o desaparecimento dos navios no mar.

Quando se discorre sobre o mito do "renascimento", escreveu Eugenio Garin, deixa-se frequentemente escapar "a tensão entre esperanças de novidades extraordinárias e angústia de catástrofes".[55] Creio que essa tensão, de formas diferentes, está presente também na filosofia de Bacon e na cultura do século XVII. Creio também que essa tensão tem algo a ver com a que está presente nas imagens opostas (ambas muito antigas) da "flecha do tempo" e do "ciclo do tempo".[56] Para retomar o título de um livro famoso, quase sou levado a crer que se trata, tanto no primeiro como no segundo caso, de uma "tensão essencial".

Notas

1. F. Bacon. *The Works of Francis Bacon*. R. L. Ellis, J. Spedding, D. D. Heath (Org.) London, 1887-1892. 7v. (indicado doravante como *Works)*, III, p.564. Cf. F. Bacone, *Scritti filosofici*. Paolo Rossi. (Org.) Torino: Utet, 1975 (indicado doravante como *Scritti*), p.411.
2. *Scritti*, p.527.
3. *Scritti*, p.526; *Novum Organum, I, 84, 74, 129* [Ed. bras.: *Novum Organum ou Verdadeiras indicações acerca da interpretação da natureza. Nova Atlântica*. (4. ed.) Trad. e notas de José Aluysio Reis de Andrade. São Paulo: Nova Cultural, 1988. (Os pensadores)]; cf. P. Rossi. *Francesco Bacone dalla magia alla scienza*. Torino: Einaudi, 1974, p.84-9.
4. *Scritti*, p.658.
5. *Scritti*, p.420; *Works*, III, p.470-1.
6. *Works*, III, p.736.
7. *Scritti*, p.732; *Novum Organum*, I, 39.
8. *Scritti*, p.214; *Works*, III, p.340.
9. *Scritti*, p.392-3; *Works*, III, p.613-4.
10. Paolo Rossi, op. cit., 1974, p.83-117.
11. *Scritti*, p.415 e cf. p.226, 233; *Works*, III, p.567 e cf. p.225-6; Cf. P. Rossi. *La scienza e la filosofia dei moderni*. Aspetti della rivoluzione scientifica. Torino: Bollati Boringhieri, 1989, p.108-11. [Ed. bras.: *A ciência e a filosofia dos modernos*. Aspectos da revolução científica. Trad. Álvaro Lorencini. São Paulo: Editora UNESP, 1992.]
12. P. Rossi, op. cit., p.92-7.
13. *Scritti*, p.416; *Works*, III, p.567-8.
14. *Scritti*, p.470, *Works*, VI, p.648.
15. *Scritti*, p.523-4; *Works*, I, p.127.
16. *Scritti*, p.588; *Works*, I, p.185.
17. *Scritti*, p.589; *Works*, I, p.186.
18. *Scritti*, p.589.
19. F. Bacone. *Opere filosofiche*. E. De Mas (Org.). Bari: Laterza, 1965, 2v. (doravante indicado como *Opere)*, I, p.295.
20. *Scritti*, p.214; *Works*, III, p.340.
21. *Works*, I, p.514.
22. *Scritti*, p.605; *Novum Organum*, I, p.92.
23. *Scritti*, p.605-6; *Works*, I, p.198-9.
24. *Scritti*, p.606; *Works*, I, p.199.
25. *Scritti*, p.166; *Works*, III, p.291; *Opere*, II, p.43; *Works*, I, p.459-60.
26. F. Bacone, *Saggi*. A. Prospero (Org.). Torino: De Silva, 1948 (doravante indicado como *Saggi*), p.263-71; M. Melchionda. *Gli "Essayes" di Francis Bacon*: studio introduttivo, testo critico e commento. Firenze: Olschki, 1979, p.373-4.

27 F. Bacone, *Saggi,* op. cit., p.264-5; M. Melchionda. *Gli "Essayes",* op. cit., p.375.
28 N. Machiavelli, *Il Principe e Discorsi.* S. Bertelli (Org.). Milano: Feltrinelli, 1960, p.292. [Ed. bras. *O príncipe.* 18.ed. Trad. Roberto Grossi. Rio de Janeiro: Bertrand Brasil, 1995].
29 G. Sasso, *De aeternitate mundi,* no volume *Machiavelli e gli antichi e altri saggi.* Milano, Napoli: Ricciardi, 1987, 3v., p.167-399 (aqui p.292, 353).
30 G. Sasso, *De aeternitate mundi,* op. cit., p.293.
31 Ibidem, p.293.
32 E. Garin. *Aspetti del pensiero di Machiavelli,* no volume *Dal Rinascimento all'Illuminismo,* Pisa: Nistri-Lischi, 1970, p.43-77, p.62 nota, e G. Sasso, *De aeternitate mundi,* op. cit., p.153 nota.
33 F. Bacone, *Dai naturalisti greci a Telesio.* E. De Mas (Org.). Cosenza: Laboratio Edizioni, 1988 (é o texto e a tradução do *De principiis atque originibus*), p.83-5. Cf. *Works,* I, p.110-1.
34 L. Bianchi. *L'inizio dei tempi*: novità e antichità del mondo da Bonaventura a Newton. Firenze: Olschki, 1987.
35 Ibidem, p.82-3.
36 F. Bacone, *Saggi,* op. cit., p.74-5; M. Melchionda. *Gli "Essayes",* op. cit., p.257 e cf. L. Bianchi. *L'inizio dei tempi,* op. cit., p.83.
37 *Opere,* II, 120.
38 F. Bacone, *Saggi,* op. cit., p.268; M. Melchionda. *Gli "Essayes",* op. cit., p.377.
39 Ibidem, op. cit., p.271; ibidem, op. cit., p.378.
40 R. Boyle. About the excellency and grounds of the mechanical hypothesis, in: *The works of the honorable Robert Boyle,* London, 1772, IV, p.68-94, (p.68-9).
41 Cf. P. Rossi. *I segni del tempo*: storia della Terra e storia della nazioni da Hooke a Vico. Milano: Feltrinelli, 1979, p.63-71.
42 P. Rossi. *Francesco Bacone dalla magia alla scienza.* Torino: Einaudi, 1974; *I filosofi e le macchine.* Milano: Feltrinelli, 1971.
43 *Scritti,* p.411; *Works,* III, p.564.
44 P. Rossi. *Il passato, la memoria, l'oblio.* Bologna: Il Mulino, 1991, p.119-53.
45 D. Kubrin. Newton and the cyclical cosmos: providence and the mechanical philosophy. *Journal of the History of Ideas,* v.XXVIII, p.325-46, 1967. (p.239).
46 W. Whiston. *Memoirs of the life and writings of Whiston.* London, 1753, I, p.54, citado em D. Kubrin, op. cit., p.345.
47 P. Rossi, *La scienza e la filosofia dei moderni,* op. cit., p.47-66.
48 T. Campanella. *Tutte le opere.* L. Firpo (Org.). I. *Scritti letterari.* Milano: Mondadori, 1954, p.121, citado em G. Ernst. From the watery Trigon to the fiery Trigon: celestial signs, prophecies, and history. In: P. Zambelli (Org.). *Astrologi hallucinati*: stars and the

end of the world in Luther's time. Berlin, New York: Walter de Gruyter, 1986, p.265-80, [p.267].

49 P. Zambelli (Org.). *Astrologi hallucinati,* op. cit., p.12-26.

50 T. Gregory. Temps astrologique et temps chrétien. In: *Le Temps chrétien de la fin de l'antiquité au Moyen Age.* Paris: Edition du Centre National de la Recherche Scientifique, 1984, p.557-73, (p.558).

51 Ibidem, p.558.

52 Ibidem, p.559.

53 C. Spurgeon. *Shakespeare's imagery.* London, 1935, p.25-6.

54 H. B. White. *Peace among the willows*: the political philosophy of Francis Bacon. The Hague: Martinus NiJhoff, 1968, p.103.

55 E. Garin. *Lo zodiaco della vita*: la polemica sull'astrologia dal Trecento al Cinquecento. Bari: Laterza, 1976, p.2-22.

56 S. J. Gould. *La freccia del tempo e il ciclo del tempo*: mito e metafora nella scoperta del tempo geologico. Milano: Feltrinelli, 1989, p.20-8; P. Rossi, *Il passato, la memoria, l'oblio,* op. cit., p.371-9.

2

SOBRE AS ORIGENS DA IDEIA DE PROGRESSO

1 Desde a pré-história o conhecimento tem sido também uma tentativa de controle do ambiente e de manutenção de uma relação de equilíbrio entre o homem e o meio. Mas nem sempre, nem em toda parte, o saber apareceu como um crescimento, nem sempre nem em toda parte apoiou-se na cooperação dando lugar a instituições baseadas na colaboração e no uso de uma linguagem com aspiração de universalidade; nem sempre nem em toda parte alguém concebeu a si mesmo como capaz de um crescimento indefinido que se realiza por um processo de sucessivas autocorreções. A imagem da ciência a que agora nos referimos – e que se tornou algo de óbvio na época moderna – tem origens históricas precisas.Como já foi salientado tantas vezes, ela está ausente nas chamadas culturas primitivas, nas grandes concepções do Oriente, na Antiguidde clássica e na escolástica medieval. Ela vem à luz na Europa, entre a metade do século XVI e o fim do século XVIII, como o mais típico produto da civilização ocidental moderna. É verdade sem dúvida que magia e ciência constituem duas técnicas para controlar a natureza, dominar o mundo exterior, ampliar os poderes do homem. É verdade também que ambas se configuraram, pelo

menos em determinados períodos históricos, como instrumentos de resgate e de salvação e que a ciência muitas vezes carregou-se de tonalidades e finalidades religiosas. Mas é também verdade que os métodos, as categorias, as instituições da ciência moderna foram construídos em alternativa a uma visão mágico-hermética do mundo que era, naqueles séculos, não um fato de folclore, mas um fato de cultura, que se punha diante daquilo que hoje chamamos "ciência" e que era então definido como "filosofia natural", como uma via alternativa dotada de possibilidades reais, rica de uma antiga tradição, capaz de unificar tendências e orientações diversas.

2 Da grande tradição da magia renascentista — que atingiu o seu esplendor máximo nos anos compreendidos entre a atividade de Marsílio Ficino e a de Campanella e Robert Fludd (entre a metade do século XV e os anos 30 do século XVII) — os modernos acolheram uma ideia central: o saber não é apenas contemplação da verdade, mas é também potência, domínio sobre a natureza, tentativa de prolongar sua obra para submetê-la às necessidades e às aspirações do homem. Mas esse tema — haurido na tradição mágico-hermética — foi inserido num discurso que recusava com decisão a imagem do sábio e a noção de saber que serviam de fundo à cultura hermética. Desse ponto de vista tenho a impressão de que mesmo sublinhando a variedade dos grandes programas científicos do século XVII e mesmo acentuando, como é justo fazê-lo, as diferenças entre o programa baconiano-cartesiano e leibniziano, é também oportuno salientar a presença de elementos comuns a essas diferentes perspectivas.

O apelo à natureza e à experiência, a insistência sobre a necessidade das observações, a avaliação da importância das abstrações não implicam absolutamente, enquanto tais, a adesão à imagem de uma ciência que tenha caráter público, que seja baseada na colaboração e na divulgação dos resultados; que seja portanto constituída por contribuições individuais, organizadas na forma de um discurso sistemático, oferecidas com vistas a resultados que possam (pelo menos potencialmente) tornar-se patrimônio de todos. Pode-se fazer apelo à natureza e a importância da observação – como fizeram Agrippa e Della Porta –; pode-se valorizar a função do pensamento abstrato – como fez Cardano –; pode-se também rebelar-se com uma fortíssima carga polêmica contra a autoridade da tradição – como fez Paracelso –; embora continuando a crer – como criam os alquimistas e os magos do Renascimento – que o saber deva permanecer oculto, que a verdade deva ser redescoberta tirando-a do esquecimento do passado, que a transmissão do saber tome forma numa solitária e misteriosa iniciação e numa transferência de alma para alma, em lugar das cartas e dos atos públicos das academias.

A imagem "moderna" da ciência a que se fez referência aqui desempenha um papel decisivo e determinante na formação da ideia de progresso. Ela implica de fato: 1. a convicção de que o saber científico é algo que aumenta e cresce, que atua mediante um processo para o qual contribuem, uma após outra, diferentes gerações; 2. a convicção de que esse processo, em qualquer uma de suas etapas ou de seus momentos, jamais é completo: ou seja, que não necessita de sucessivos acréscimos, revisões ou integrações; 3. enfim, a convicção de que existe de certo modo uma tradição científica que tem características específicas (refiro-me aqui às instituições mais do que às teorias) e dentro da qual se colocam as contribuições individuais. Já disse que a imagem moderna da ciência tem um papel importante na formação da ideia de progresso. Acrescentarei agora que a ideia de progresso não é marginal, mas constitutiva da imagem moderna da ciência. Dos primeiros anos do século XVII até a segunda metade do século XIX, a ideia de um crescimento, de um *avanço do saber* acompanha todos os vários e diferentes programas científicos, constituindo, por assim dizer, seu fundo comum.

3 Há mais de trinta anos (em 1962) publiquei um livro dedicado a examinar as mudanças profundas nas ideologias e nas filosofias que acompanham, entre 1400 e 1700, os

desenvolvimentos da tecnologia e a progressiva afirmação das máquinas. O capítulo central desse livro[1] era dedicado à ideia de progresso científico. Pareceu-me então de fato – e sobre esse ponto não mudei de opinião – que nos escritos dos artistas e dos experimentadores do século XV e depois nos tratados de engenharia de minas, de arte da navegação, de balística, de arte das fortificações do século seguinte, ganhava corpo não só uma nova consideração do trabalho manual e da função cultural das artes mecânicas, mas também se afirmava a imagem da ciência como construção progressiva e como resultado de contribuições individuais que se colocam uma após outra no tempo, segundo uma perfeição cada vez maior.

Não pretendo reapresentar aqui a documentação contida naquele livro, mas espero que me sejam permitidas três breves citações e uma consideração de caráter geral. As artes mecânicas – escreve Agostino Ramelli no prefácio a *Diverse et artificiose macchine* (1588) – nasceram das necessidades e da fadiga dos primeiros homens empenhados em defender-se "da inclemência do céu, das intempéries do ar, dos estragos dos tempos e das muitas agressões da terra". O sucessivo desenvolvimento das artes não se assemelha ao movimento dos ventos que nascem veementes "rompendo as grossas muralhas e submergindo no vasto mar os lenhos", enfraquecendo depois até desvanecer; assemelha-se antes aos rios que nascem pequenos e chegam ao mar grandes e poderosos, enriquecidos pelas águas de seus afluentes.[2] Na dedicatória do *Trattato sulle proporzioni del corpo umano* (1528), Dürer esclareceu as razões pelas quais ele, sendo um artista e não um estudioso, ousou enfrentar um tema tão elevado. Decidiu publicar o livro "sob o risco da maledicência, para o benefício público de todos os artistas e para induzir outros a fazer o mesmo, de modo que os nossos sucessores possam ter algo para aperfeiçoar e fazer progredir".[3] O cirurgião parisiense Ambroise Paré (1510-1599), ignaro de latim e autodidata, malquisto pela Faculdade, afirma por seu lado que não se deve dormir sobre os trabalhos dos antigos "porque existem mais coisas a encontrar do que as tantas até agora encontradas ... e as artes jamais são tão perfeitas que a elas não se possam fazer acréscimos".[4]

Filósofos como Bacon, como Descartes, como Boyle elevaram ao nível da consciência filosófica, inserindo-as num contexto teórico de grande destaque, ideias nascidas em ambientes considerados com hostilidade, quando não com desprezo, pela cultura oficial da universidade. Pode-se não estar de acordo com algumas das conclusões de Edgar Zilsel, não aceitar a sua contraposição entre a oficina, o arsenal, o laboratório – lugares em que os homens trabalham juntos – e a cela do monge e o estúdio do humanista. Não foram poucos os artistas e mecânicos do século XVI que chegaram a teorizar, para o seu trabalho, finalidades bastante diferentes e certamente mais "impessoais" que as da santidade individual e da imortalidade literária.

4 Num livro intitulado *The Myth on the Golden Age in the Renaissance*, Harry Levin construiu um esquema referente ao primitivismo e ao milenarismo sobre o qual vale a pena chamar a atenção:

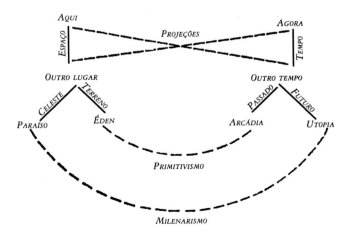

Estando *aqui* e desejando estar em *outro lugar*, temos a possibilidade de uma escolha, embora se trate de uma escolha efetuada mediante a imaginação. Podemos optar por alguma parte remota do mundo: um *paraíso terrestre*, ou então por um outro mundo: um *paraíso celeste*. Vivendo *agora* e preferindo viver em *outro tempo* não podemos fazer outra coisa a não ser imaginar. Mas também nesse caso temos a possibilidade de uma escolha. Recusando o presente, podemos escolher entre o passado e o futuro: entre um retorno à *Arcádia* e um projeto para a *Utopia*.

> As distâncias espaciais e temporais podem prolongar-se uma na outra, como ocorre nas imaginações exóticas que se colocam muito longe no tempo e no espaço. Ambas caem na órbita do *Primitivismo*. As expectativas de outra vida ou a expectativa mundana de construir o paraíso nesta terra caem pelo contrário na órbita do *Milenarismo*.[5]

Esse esquema de Levin serve para lembrar-nos que a história da ideia de progresso está intimamente entrelaçada não só com a história da utopia, mas também com a do milenarismo e do primitivismo. Quem crê no progresso, todavia, geralmente não se contenta com escolhas efetuadas no reino da imaginação. Não tende à fuga da história. Conta ou julga poder contar com possibilidades reais ou que interpreta como reais. Vê presentes na história algumas possíveis confirmações das suas esperanças, julga que ela procede – nem que seja nos tempos longos – segundo uma e não outra direção. Considera em todo caso que tem sentido operar no mundo com base em projetos regidos pela esperança num futuro desejável, melhor que um presente cujos limites e insuficiências são visíveis.

5 O senso da limitação, da insuficiência, da inaceitabilidade do presente aparece frequentemente ligado à esperança num futuro melhor ou simplesmente na certeza de que, mais cedo ou mais tarde, isso possa realizar-se. A esse respeito, não julgo necessário deter-me longamente sobre as páginas de Bacon, de Descartes ou de Galileu que insistem sobre as características negativas da cultura de seu tempo. "Nessa estreita situação das coisas humanas, uma

coisa sobretudo é deplorável ... que os homens, contra o seu próprio interesse, procurem proteger sua ignorância por vergonha e se satisfaçam com sua condição miseranda". E ainda: "A ilusão de abundância deve ser posta entre as causas da miséria porque as obras e as doutrinas, que à primeira vista parecem numerosas, a um exame mais profundo revelam-se pelo contrário muito poucas". Bacon, que escreveu essas palavras nos *Cogitata et visa*, tem o sentimento preciso de "uma completa ruína da ciência e da cultura agora em uso", vê na "pretensa variedade dos livros de que as ciências tanto se orgulham" apenas "infinitas repetições da mesma coisa", pensa enfim que as guerras civis e a mesquinharia das seitas e a superficialidade dos manuais que tomaram o lugar da verdadeira ciência "arrasam como uma tempestade as ciências e as letras". Tão logo terminado o ciclo de estudos, escreve Descartes, "encontrei-me enredado em tantas dúvidas e erros que me parecia não ter tirado outro proveito a não ser este: ter descoberto cada vez mais a minha ignorância. No entanto eu me encontrava numa das mais célebres escolas da Europa, devendo considerar que se em algum lugar do mundo existiam homens doutos, era ali que eles estavam". A desilusão por aquelas doutrinas, a recusa daquelas escolas coincidia com a recusa de uma imagem da filosofia: "Quem menos aprendeu de tudo aquilo que até agora se chamou filosofia está em melhores condições de aprender a filosofia verdadeira". Igualmente Bacon: "Aquilo que se deve realizar é totalmente diferente daquilo que foi realizado e portanto o oráculo mais favorável para o futuro está na confutação do passado".[6]

As escolas e o mundo das letras, escreve Comênio no prefácio da *Didactica magna* (1657) "achavam-se plenos de fadigas e moléstias, de incertezas e ilusões, de erros e imperfeições". O que, em nós e nas nossas coisas, está no modo e no lugar devido?

> Todas as coisas, reviradas e confusas, ou estão por terra ou em ruínas ... Em lugar de amor e candor recíprocos, ódios recíprocos, inimizades, guerras, mortandades. Em lugar de

justiça, iniquidades, injúrias, opressões, furtos, rapinas. Em lugar da castidade, impureza e obscenidade ... Em lugar da simplicidade e da verdade, mentiras, fraudes, enganos. Em lugar da humildade, soberba e ódio recíproco.[7]

Dos diagnósticos negativos sobre a própria época nascem razões de desconforto e decorre em muitos casos uma invencível sensação de desânimo. O nosso século – escrevia Mersenne a Peiresc em 12 de março de 1644 – "é o pai de uma reviravolta universal. Que pensais dessas reviravoltas? Acaso não vos dão uma prefiguração do fim do mundo?".[8] Quatro anos antes (15 de agosto de 1640), Gabriel Naudé escreveu a um correspondente: "Temo que as velhas heresias não sejam nada em comparação com as novidades que os astrônomos introduzem com seus mundos ou terras lunares e celestes. As consequências de tais novidades serão bem mais perigosas que as anteriores e introduzirão revoluções bem mais estranhas".[9] O tema pessimista da decadência da natureza e do envelhecimento do mundo desenvolve-se – cumpre não esquecer – simultaneamente ao tema do progresso. A época elisabetana (como é sabido) foi uma época de aventureiros entusiastas e sanguinários, mas também uma época de ansiedades e de angústias profundas. O tema da decadência da natureza liga-se, por um lado, à insistência luterana e calvinista sobre a corrupção geral do mundo, por outro, à polêmica contra a imagem tradicional da natureza como estrutura harmoniosa e ordenada segundo perfeitas hierarquias.[10] O tema estoico do eterno retorno tinha penetrado amplamente na cultura europeia por intermédio do *De Constantia* de Giusto Lipsio, um texto que gozou de extraordinária fortuna:

> Desde que se fez o mundo, foi-lhe dado por eterna lei o nascer e o morrer, o começar e o terminar ... Vimos (coisa realmente difícil de crer) que também nos céus algo pode nascer e algo pode morrer ... Se aqueles corpos eternos estão destinados à morte e à transmutação, o que pensais que deva acontecer às cidades, às repúblicas, aos reinos? ... Como cada homem tem a sua juventude, virilidade, velhice e enfim a

morte, assim também estes: nascem, crescem, duram, florescem, e tudo para que enfim caiam ... Antigamente floresceu o Oriente ... a sua sorte passou para a Europa. Esta agora (como ocorre com os corpos agitados pela febre) parece-me que treme e teme a sua grande ruína.[11]

O nascimento e a morte – sublinhou Lipsio – aparecem agora também nos céus que uma tradição milenar identificava com o reino da perfeição e da eternidade. Ampliando desmesuradamente os limites do universo, negando a tranquilizante perfeição dos corpos celestes, chegando à afirmação de um universo infinito, a nova cosmologia contribuía para dar a sensação precisa do fim de todas as tradicionais visões do cosmos.

A nova filosofia recoloca tudo em dúvida – escrevia John Donne nos célebres versos de 1611 – o elemento fogo está quase extinto, o Sol se perdeu com a Terra, e o engenho de homem algum consegue mostrar em que lugar procurá-lo. Livremente os homens confessam que este mundo está consumado, enquanto nos planetas e no firmamento muitos procuram o novo. Então veem que o mundo está novamente fragmentado nos seus átomos. Tudo está em pedaços, desapareceu toda coesão, todo conjunto adequado e toda relação.[12]

Kepler estava firmemente convicto de que o sistema solar constituía um *unicum* no universo. Está disposto a admitir a existência de planetas habitados dentro do sistema solar, mas afasta com horror a ideia de uma infinita pluralidade de mundos em que esteja presente a vida:

> Se existem no céu globos semelhantes à nossa terra, será que devemos entrar em competição com eles para saber quem ocupa o lugar melhor no universo? Se de fato os globos daqueles planetas fossem mais nobres, nós não seríamos mais as mais nobres entre todas as criaturas racionais. E como então podem ser todas as causas para o homem? E como podemos nós ser os senhores das obras de Deus?

Contra as teses de Bruno, Kepler pretende demonstrar duas coisas: que "este sistema de planetas, num dos quais nos encontramos nós, homens, encontra-se no lugar principal do universo, ao redor do coração do universo, que é justamente o Sol"; que nós, homens, "nos encontramos naquele globo que se destina inteiramente à criatura racional que é entre todas a mais importante e a mais nobre entre as corpóreas".[13] A visão bruniana do universo inspirava a Kepler "um não sei que secreto e oculto horror. Sentimo-nos perdidos nessa imensidão, à qual são negados limites e centro, à qual é negado por conseguinte qualquer lugar determinado".[14] Os temores, as ansiedades, as angústias, os desânimos não são prerrogativas dos poetas. Frequentemente atingem também os cultores das ciências exatas e naturais. No mesmo ano – 1611 – poucos meses depois das grandes descobertas galileanas, John Donne e Kepler davam ambos expressão ao sentimento de incerteza que foi próprio de tantos intelectuais europeus da primeira metade do século XVII.

> Não sabemos mais nada que não possa ser submetido a discussão – escreve Pierre Borel em 1657 – a própria teologia não está isenta disso ... A medicina, a astronomia, a física oscilam todos os dias, vendo desmoronar seus fundamentos. Ramo destruiu a filosofia de Aristóteles, Copérnico a astronomia de Ptolomeu, Paracelso a medicina de Galeno. Desse modo, tendo cada um os seus adeptos, tudo parece plausível e não sabemos em quem crer e somos obrigados a admitir que aquilo que sabemos é coisa bem menor do que aquilo que não sabemos.[15]

6 Como esclareceu Christopher Hill, no curso de uma análise comparada dos textos de Bacon, de Walter Raleigh, de Edward Coke, a insistência sobre a história, presente na cultura inglesa do século XVII, é testemunho da consciência de uma crise profunda. Muitos olhavam para trás à busca de uma solução: os protestantes para a Igreja primitiva, Lilburne para os heréticos medievais e para os Marian Martyrs, os legisladores e os políticos para os anglo-saxões livres.

> A ideia pré-revolucionária do processo histórico, dominado pelo dogma da queda, era a ideia de uma degeneração:

só podemos esperar dar fim a ela voltando às mais puras origens ... Aqueles que mais impetuosamente olhavam para a frente eram os quiliastas, os irracionais otimistas da dispersão da classe trabalhadora que esperavam na intervenção de Cristo aqui e agora ... Aqui podemos ver de novo a importância de Bacon ... ele seculariza o seu envelhecido sonho quiliástico e sugere a possibilidade de retornar à situação anterior ao pecado original antes do advento do milênio. Isso tornou possível uma nova atitude diante da história: progresso sem quiliasmo, mudança sem apocalipse, reforma sem expectativa de um Segundo Advento.[16]

A visão da história de Raleigh e Bacon *mais* a experiência da revolução, conclui Hill, tornaram concebível a ideia de uma mutação controlada, uma mudança que não fosse mais um ato de Deus ou um Desastre ou um Dia do Juízo. A ideia hobbesiana da política como ciência e do Estado como ente artificial, construído pelo homem; a ideia de Harrington da história, que é ciência porque o homem pode controlar seu desenvolvimento, nasceram sobre esse terreno. Mas os temas do milenarismo estavam destinados a exercer uma influência profunda até os últimos decênios do século. Eles se encontravam sólida e inextricavelmente entrelaçados às expectativas puritanas de uma transformação iminente, ao motivo da decadência da natureza, às referências ao mito da idade do ouro. O lamento sobre a iminente catástrofe e as referências à profecia de Daniel tinham se transformado num apelo à necessidade de apressar os tempos por uma identificação do Mal com os poderes terrenos que impediam o advento do reino de Deus. A *Clavis Apocaliptica* de Joseph Mede é de 1627. Nos anos que precedem a guerra civil saem na Inglaterra *The Personall Raigne of Christ upon Earth* de John Archer e *A Glimpse of Sions Glory* de Hanesrd Knolloys.

A obra está ao alcance da mão — escrevia Knolloys em 1641 — não só o Anticristo será abatido e Babilônia desmoronará, virá o reino glorioso de Cristo e reinará o senhor Deus onipotente. A obra consiste hoje em abater Babilônia e não dar descanso a Deus até que ele eleve Jerusalém para glória do mundo inteiro ... Para proclamar o reino de Deus onipotente, Deus usa a multidão e o povo comum. Quando Cristo chegou, os pobres foram os primeiros a receber o Evangelho, não os nobres e os ricos, mas os pobres. Do mesmo modo, na reforma da religião, depois que o Anticristo começou a ser descoberto, foi o povo comum quem primeiro começou a seguir Cristo.

Muitos dos principais eclesiásticos "são expressamente quiliastas", escrevia Robert Baillie em 1645. Em 1649, Grozio afirmava que não menos de oitenta tratados desse tipo tinham sido publicados na Inglaterra no curso daqueles anos.[17] Mas os temas do milenarismo estavam destinados a prolongar-se muito além da metade do século. Em 1657, sai em Amsterdã a *Lux in tenebris* de Comênio. Entre 1680 e 1689, são publicados o *Apocalypsis apocalypseos* e a *Exposition of Several Prophecies of Daniel* de Henry More, o tratado sobre o milênio de John Evelyn e *The Judgment of God* de Drue Cressener. Entre os refugiados huguenotes, Pierre Jurieu denunciava o rei de França como a encarnação da Besta no *New System of Apocalypse* de 1688. O milenarismo político presente dentro da Igreja Anglicana estava destinado a exercer uma influência profunda sobre a *Sacred Theory of the Earth* de Thomas Burnet (1681-1690):

> Como é possível ter confiança num mundo perecível e caduco que será reduzido a cinza e fumaça no espaço de um ou dois séculos?... A época em que vivemos é apontada nas Sagradas Escrituras com a expressão *"tempora novissima"*. Isso parece indicar a Última idade do mundo ... Mas o milênio, o reino de Cristo, tal como é descrito pelos Profetas, é uma idade de tal modo nova que não chegará antes do fim do mundo ... Para ela, é razoável concluir, não faltam mais de quinhentos anos.[18]

A visão de uma futura e grandiosa catástrofe envolvia ao mesmo tempo o mundo histórico e o natural: "Tudo o que admiramos e veneramos como grande e magnífico está destinado a esvair-se no nada. Onde estarão os grandes impérios do mundo e as cidades com seus monumentos de glória? A própria Roma eterna desaparecerá da terra e sobre ela descerá um perpétuo esquecimento". O mundo, emerso de uma grande catástrofe, está destinado a desaparecer. A Terra, que no seu estado atual é o resultado de imensas mutações, parece a Burnet privada de ordem e de proporção: uma espécie de novo caos. Ela não é mais "a obra da natureza segundo a sua primeira intenção e de acordo com o primeiro modelo", mas é o resultado de "materiais fragmentados, dispersos e despedaçados". O telescópio revelou que até a superfície da Lua é irregular e acidentada. Terra e Lua "são as imagens de uma Grande Ruína, têm o aspecto de um mundo que jaz nos seus escombros".[19]

7 Diante de uma crise profunda, tendo em vista um presente inaceitável, pode-se reagir com ansiedade, angústia, sentimento de inutilidade das coisas humanas ou de uma inevitável catástrofe. Mas é possível também que a impressão de viver numa época de grandes mudanças dê lugar à esperança. É também possível que as mudanças apareçam como uma inundação capaz de arrastar consigo edifícios putrescentes:

> Esta é uma época – escreve Henry Power em 1664 – na qual todas as almas estão numa espécie de fermentação e o espírito da cultura e do saber começa a elevar-se e a libertar-se daqueles empecilhos e daquelas escórias pelos quais foi por tanto tempo tolhido, a libertar-se também daquela insípida fleugma e *caput mortuum* das noções inúteis às quais esteve ligado com tanta tenacidade e por tanto tempo ... Parece-me estar vendo que toda a velha sujeira será jogada fora e que os edifícios putrescentes serão destruídos e eliminados por uma inundação de grande potência. São esses dias que requerem uma nova fundação para uma mais alta filosofia que não possa nunca ser destruída.[20]

A razão de esperança "que se extrai dos erros do passado – escreveu Bacon – é a maior de todas". A esperança mais certa nasce justamente daqueles erros "porque, como foi dito a propósito de um Estado mal administrado, quanto mais negro é o passado, mais luminosas são as esperanças para o futuro".[21]

As crises e as revoluções são interpretadas como sinais de possibilidades novas. A história parece submetida a imprevistos movimentos de aceleração: "existe mais história em cem anos — escreveu Campanella — do que teve o mundo em quatro mil, e mais livros foram feitos nestes cem anos que em cinco mil, e as estupendas invenções da bússola, da imprensa e dos arcabuzes, grandes sinais da união do mundo".[22] "Um novo mundo — escreve Robert Hooke em 1665 — foi descoberto pelo pensamento". Por meio do telescópio e do microscópio

> os céus se abriram, aparecendo neles um vasto número de estrelas novas ... enquanto a própria terra, que jaz tão próxima de nós sob nossos pés, parece-nos agora completamente nova e em cada pequena partícula da sua matéria observamos uma variedade tão grande de criaturas como aquela que antes podíamos contar no universo inteiro.[23]

"Não é evidente — escreverá John Dryden — que no curso destes últimos cem anos uma nova natureza nos foi revelada?".[24] *Novum Organum: discorsi intorno a due nuove scienze*: o termo "*novus*" ocorre quase obsessivamente em centenas de livros filosóficos e científicos publicados entre a época de Copérnico e a de Newton. "Tendo-se descoberto novas estrelas, novos planetas e fenômenos, plantas, circulação do sangue e tantas outras coisas, e quase um mundo novo, parece que este precisava de novas filosofias, não bastando as antigas para investigá-lo". Como deixará claro o jurista e filósofo napolitano Giuseppe Valletta, defensor dos "modernos" e da herança de Descartes, não se tratava apenas de novas estrelas e planetas, mas de plantas, animais, homens antes desconhecidos e de cuja existência, antes das viagens transoceânicas, não se suspeitava. Como Colombo e Magalhães, também Galileu, Malpighi e Robert Hooke tinham visto coisas nunca antes vistas por olhos humanos. A comparação entre as grandes viagens transoceânicas e as descobertas efetuadas por meio do telescópio e do microscópio torna-se, no século XVII, um *topos* literário. O tema do lugar do homem na natureza – tão vivo nas discussões que assinalam a passagem do "mundo fechado" para o "universo infinito" – associava-se naquela época ao da "experiência da diversidade". A constatação da existência de povos diferentes, que se reportam a valores diferentes, de sociedades não cristãs, de ateus que convivem em sociedades organizadas, implica a possibilidade de um confronto, a possibilidade de assumir, falando de nós mesmos, um ponto de vista diferente do habitual. A mesma *natureza* aparece não mais homogênea e uniforme, mas diferente de uma para outra região da terra.[25]

A natureza não é uniforme, os costumes humanos são estranhos e não homogêneos; todavia, justamente porque foram ultrapassadas as colunas de Hércules e atingidos os confins do mundo, a história parece uma realidade unitária e o gênero humano parece ter conquistado aquela unidade em vão procurada no passado: "O mundo inteiro agora é conhecido e todas as raças dos homens. Os homens podem agora trocar livremente as suas invenções e ajudar-se reciprocamente nas necessidades, como os habitantes de uma mesma cidade".[26] George Hakewill descreverá a si mesmo (em 1635) como "*a citizen of the world*", um cidadão do mundo: o mundo lhe aparece finalmente como um só *Commonwealth* e as mais distantes nações como cidades de um mesmo corpo político.[27] Os antigos ignoraram muitas coisas. O seu saber é parcial e não mais suficiente para o mundo moderno.

"Mais viu Cristóvão Colombo genovês e mais correu com o corpo do que fizeram com a mente Agostinho e Lattanzio poetas, filósofos e teólogos que negaram os antípodas".[28] Campanella certamente não foi o único a entrever os grandes "sinais da união do mundo" e a comparar as novas descobertas técnicas às viagens ao Novo Mundo. Em 1567, na *Considération sur l'histoire universelle*, Louis Le Roy comparou os achados da técnica com as descobertas geográficas.

As "coisas do mundo" pareciam-lhe agora "ligadas em recíproca correspondência", de modo a não se poder compreender "umas sem as outras". Nos últimos anos "não só ficaram em evidência coisas que antes estavam encobertas pelas trevas da ignorância, mas ficaram conhecidas coisas que os antigos tinham ignorado completamente".[29]

Com a eficácia estilística que lhe era habitual, Bacon deu forma a muitos desses temas: "Congratulamo-nos com a indústria dos mecânicos — escrevia ele depois das descobertas astronômicas de Galileu — e com o zelo e a energia de certos sábios que, pouco tempo atrás, com a ajuda de novos instrumentos óticos, como se usassem chalupas e pequenas barcas, começaram a tentar novos comércios com os fenômenos do céu". A invenção da imprensa, da pólvora explosiva e da bússola mudaram para sempre as condições de vida sobre a terra. "Nenhum império, nenhum astro, nenhuma escola filosófica" jamais tiveram maior eficácia sobre as coisas humanas que esses fatores materiais e essas invenções mecânicas. Por isso, parecia-lhe necessário que o progresso nas teorias não permanecesse atrasado em relação ao das artes e que à conquista do mundo material correspondesse a do mundo intelectual: "Seria vergonhoso para os homens se, após ter revelado e ilustrado o aspecto do orbe material, isto é, das terras, dos mares, dos astros, os confins do orbe intelectual permanecessem dentro dos limites restritos das descobertas dos antigos".[30]

8 Do diagnóstico negativo do presente emergem possibilidades de resgate, de um saber em crise poderá nascer uma "ciência universal capaz de elevar nossa natureza ao grau máximo de perfeição". O fato de que coisas novas sejam vistas parece também a Descartes um sinal de esperança:

> As maravilhosas lentes, em uso há bem pouco tempo, já nos revelaram novos astros no céu e novos objetos sobre a terra ... levando nossa vista muito mais longe do que costumava chegar a imaginação de nossos pais; elas parecem ter-nos aberto o caminho para chegar a um conhecimento da natureza muito mais vasto e perfeito do que o atingido por eles.[31]

De uma situação de paz na Europa, afirma Bacon, poderá derivar uma "terceira época do saber", capaz de superar de longe "as duas épocas precedentes que se verificaram entre os gregos e os romanos". Na verdade, afirma, "eu ponho em movimento uma realidade que outros experimentarão".[32]

> Virá um tempo – escreve John Wilkins – em que o trabalho das épocas futuras trará à luz até mesmo as coisas que agora estão imersas na obscuridade. As artes não chegaram ainda ao seu solstício. A indústria dos tempos vindouros, com a ajuda dos ancestrais, poderá atingir aquela altitude que nós ainda não atingimos.[33.]

O apelo ao futuro, ao que os homens poderão realizar se tiverem a coragem de tentar caminhos antes não tentados, é um motivo central da filosofia do século XVII. A ele corresponde a afirmação da limitação da civilização dos antigos, o sentimento de que se pode e se deve livrar-se do peso da tradição, a convicção de que não existem modelos estáveis aos quais referir-se para resolver os problemas do presente. "*Scientia ex naturae lumine pretenda, non ex antiquitatis obscuritate repetenda est. Nec refert quid factum fuerit. Illud videndum quid fieri possit*" [É preciso extrair a ciência da luz da natureza e não tentar obtê-la das trevas da Antiguidade. Não importa o que foi feito: trata-se de ver o que se pode fazer].[34]

As trevas da Antiguidade contrapostas à luz da natureza, o futuro contraposto ao passado. Esse tema assume formas e tons diversos. Entre os cultores de alquimia e de química – desde os paracelsistas ingleses até Robert Boyle – chega-se ao plano da invectiva e a declarações de "primitivismo científico" que contrapõem a sala de anatomia, os experimentos das fornalhas e as oficinas dos artesãos às bibliotecas, aos estudos literários, às pesquisas teóricas:

> Venda suas terras, suas casas, seu guarda-roupa – escreve Pietro Severino na *Idea medicinae philosophicae* de 1571 –, queime seus livros. Compre um robusto par de sapatos e caminhe

por vales, montanhas, desertos, orlas do mar. Anote com cuidado as diferenças entre os animais, as distinções entre as plantas, as várias espécies de minerais, as propriedades e o modo de origem de tudo o que existe. Não tenha vergonha de estudar com diligência a astronomia e a filosofia terrestre dos camponeses. Enfim, compre carvão, construa fornalhas, lide sem descanso com o fogo. Por este, e não por outro caminho, poderá chegar ao conhecimento das coisas.[35]

Exatamente um século mais tarde, escreverá Boyle a respeito de pedras: "aprendi mais com dois ou três talhadores do que jamais aprendi lendo Plínio, Aristóteles e todos os seus comentadores".[36] Não se refutará somente a ditadura de Aristóteles, escreveu Bacon, "mas também a de qualquer homem presente ou futuro". A admiração pelos livros antigos nos quais está consignada a sapiência do gênero humano pode revelar-se um obstáculo insuperável ao progresso da ciência: "Dificilmente é possível admirar e ao mesmo tempo superar os autores. Ocorre nesse caso o mesmo que ocorre com o curso da água que jamais torna a subir a um nível superior ao que já desceu".[37]

9 Num ensaio muito importante, que remonta a 1958, Hans Baron polemizou contra as teses demasiado simplistas sobre a relação antigos-modernos presentes nos trabalhos de John Bury e de Richard Foster Jones e tomou posição contra a tradicional e não mais aceitável identificação de "humanismo" e "culto pelos antigos".[38] Muitos dos temas e das ideias que aparecem entre 1627 e 1640 nos escritos de Hakewill e de Ben Jonson derivam na realidade, como mostrou Baron, de afirmações presentes nos textos do erasmiano Juan Luis Vives, que escreve um século antes. Os humanistas, esclarece Baron, não tinham sido passivos repetidores. Entre os expoentes da literatura humanística mantinha-se viva uma constante batalha contra os perigos do classicismo: a contraposição entre a *aemulatio* e a *imitatio* tinha se tornado o grito de guerra de muitos grandes intelectuais europeus, de Policiano a Erasmo. À imagem, ainda presente nos livros de Bury e de Foster Jones, de um

humanismo identificado *"with slavish classicist submission to the tyrannical yoke of the ancient models"* ["com um classicismo escravo submetido ao jogo tirânico dos modelos antigos"], Baron contrapõe a consideração do Renascimento como um processo dinâmico no qual está presente um forte contraste entre a "veneração pela Antiguidade", que levará ao classicismo, e uma defesa dos poderes e da "igualdade" dos modernos, que constitui o pressuposto da *Querelle*. Essa defesa, sempre segundo Baron, "prepara o terreno para as teses avançadas no curso do século XVII pelos adeptos da superioridade dos modernos".[39]

O tema da Antiguidade como mito de uma absoluta perfeição, na cultura do Humanismo, entrelaça-se efetivamente com o tema continuamente afirmado de um confronto dos modernos com os antigos: estes – como escreveu Eugenio Garin – parecem "mestres que não impõem uma simples repetição de si próprios, mas convidam para um colóquio ou para uma competição".[40] Hans Baron, todavia – é bom esclarecer –, enquanto polemiza contra uma imagem deformada e simplificada da cultura humanística não pretende absolutamente reduzir as posições de Bacon e de Descartes às dos humanistas: "Seria naturalmente loucura minimizar a grandeza da mudança que se verifica, uma atitude moderna em relação à Antiguidade, com a presença de Galileu, Bacon e Descartes".[41]

É difícil não lhe dar razão sobre esse ponto. Descartes e Bacon, embora estreitamente ligados à leitura dos clássicos, dão expressão a novas exigências. O que é negado por eles – até no momento em que se recorre aos textos da Antiguidade – é justamente o caráter exemplar da civilização clássica. Eles não recusam apenas a pedante imitação e a simples repetição. Até mesmo aquele colóquio, aquela competição, aquela *aemulatio* sobre a qual tinham insistido os melhores humanistas parece para eles algo que não tem mais sentido. É o próprio terreno de uma "competição", de uma "contenda" com os antigos, que é recusado com decisão.

Conversar com os homens de todos os séculos é quase o mesmo que viajar; certamente, é bom saber algo dos costumes dos vários povos para julgar melhor os nossos, e não considerar ridículo e irracional tudo o que é contrário aos nossos hábitos ... mas quando alguém emprega tempo demais a viajar torna-se no fim estrangeiro em seu próprio país e, assim, quem é demasiado curioso das coisas do passado torna-se, em geral, muito ignorante das presentes.[42]

Do ponto de vista do presente e da sua radical novidade – escreveu Bacon – os discursos que foram desenvolvidos na Antiguidade não são discursos equivocados. São discursos construídos em vista de objetivos que não podem mais ser aceitos. Os limites da filosofia dos antigos são os próprios limites da sua civilização e do mundo de valores que por ela foi expresso. A época em que floresceu a filosofia grega era "próxima das fábulas, pobre de história, escassamente informada sobre o conhecimento da terra". As grandes viagens de Pitágoras, Demócrito, Platão, sempre celebradas como grandes empresas, eram semelhantes a excursões aos arredores da própria cidade. O espírito dos homens daquela época, assim como sua filosofia, era "estreito e limitado". Por isso, é possível reconhecer a inteligência, a "sublimidade do engenho", a "acuidade" de Platão e de Aristóteles e, ao mesmo tempo, refutar a sua filosofia. O que deve ser *evitado* é o próprio surgimento de uma disputa entre antigos e modernos:

A honra dos antigos fica salva: eles são dignos de admiração no que tange ao engenho e à meditação e, se tivéssemos seguido o mesmo caminho que eles, certamente não teríamos podido igualá-los. Não há dúvida de que essa recusa geral de todos os autores é algo menos grave do que recusar alguns e aprovar outros: neste caso, tivemos de fazer um julgamento, ao passo que nos limitamos a indicar um caminho diferente. Se declarássemos poder oferecer algo melhor que os antigos, depois de entrar no mesmo caminho que eles seguiram, certamente não poderíamos evitar que se estabelecesse um confronto ou um desafio acerca do engenho, do mérito, das capacidades ... Um coxo que segue o caminho certo, como se costuma dizer, chega primeiro que um corredor que segue um caminho errado. Recorde-se que a questão concerne ao caminho a seguir e não às forças, e que defendemos aqui não a parte dos juízes, mas a dos guias.[43]

O reconhecimento da genialidade das doutrinas do passado, para Descartes também, deixa intacta a honra dos antigos:

> Não quero absolutamente diminuir a honra a que cada um deles pode aspirar. Tenho porém a obrigação de dizer, para consolo daqueles que não estudaram, que como nas viagens, quem dá as costas à própria meta afasta-se dela cada vez mais, por mais longamente e por mais rapidamente que caminhe ... assim também, quem tem princípios errados, quanto mais os cultiva tanto mais se afasta do conhecimento da verdade.[44]

10 Nesse terreno, que é o do reconhecimento de um caminho diferente daquele que foi percorrido pelos antigos, perdem sentido tanto o ideal da *imitatio* quanto o da *aemulatio*. A imitação dos antigos nasce com o temor dos homens em comprometer-se com a realidade, é expressão de servidão intelectual. Nela, toma corpo a busca – que é motivada por uma inconfessada necessidade de segurança – de "um Atlas das meditações que seja capaz de guiar os pensamentos e as flutuações do intelecto e impeça o céu de desabar sobre os homens".[45] A empresa científica coincide com o abandono dessa busca de segurança, implica a capacidade de olhar o mundo sem mais necessidade de guias:

> Temos necessidade de escolta nos países desconhecidos e selvagens, mas nos lugares abertos e planos só os cegos têm necessidade de guia, e quem for cego é melhor que fique em casa, mas quem tem olhos na fronte e na mente, esses é que devem servir de escolta.[46]

Na *Redargutio Philosophiarum* de 1608 Bacon tinha indicado as ideias de Aristóteles, Platão, Hipócrates, Galeno,

Euclides e Ptolomeu como as únicas fontes do saber de que os homens dispõem atualmente. A pretensa variedade das filosofias era considerada mera aparência: trata-se apenas de partes daquela única filosofia grega que foi alimentada por séculos não nos bosques da natureza, mas nas escolas e nas celas dos monges. Os antigos não se configuram mais como modelos de sapiência, como gigantes sobre cujos ombros os anões aprendem a subir com dificuldade. Podem, mais simplesmente, ser utilizados, ainda que só em alguns casos:

> Vede portanto que as vossas riquezas estão na posse de poucos e que as esperanças e as fortunas nos homens estão talvez depositadas em meia dúzia de cérebros. Mas Deus não vos concedeu almas racionais para que dediqueis aos homens o respeito que deveis ao vosso Autor... nem vos concedeu sentidos válidos para estudar os escritos de poucos homens, mas para estudar o céu e a terra que são obra de Deus. Celebrando os louvores de Deus e elevando um hino ao vosso Criador, nada vos impede de aceitar que faça parte do coro também aquela meia dúzia de homens.[47]

"Nos vetera instauramos, nova non prodimus" ["Restabelecemos coisas antigas, não produzimos coisas novas"]: a sentença de Erasmo parece ter-se invertido.[48] A *imitatio* não tem outra justificação a não ser a preguiça dos homens, a sua necessidade de delegar a outros as suas capacidades racionais. Como dirá Pascal em 1647, "não se podem propor impunemente ideias novas" porque "o respeito pela Antiguidade chegou a tal ponto que todas as suas opiniões são tomadas por oráculos e até mesmo suas obscuridades são consideradas como mistérios".[49] Mas até a *aemulatio* não tem mais sentido. Não pode estar em discussão a honra dos antigos no momento em que se reconhece que não tem sentido "competir" com quem procura dar expressão, numa época diferente, a exigências diferentes e mais limitadas que aquelas que são próprias do presente.

O fato de que a verdade de Platão e Aristóteles fosse válida na época não impede que ela se mostre hoje inservível e insuficiente. A tese da superioridade dos modernos não nasce no plano de uma contenda, mas da constatação de que o tempo colocou problemas novos que eram desconhecidos e pela constatação de que interveio a possibilidade de escolher um caminho diferente daquele que foi percorrido pelos antigos e no qual o que realmente conta é a exatidão da via empreendida e não a velocidade com a qual se caminha. A nossa superioridade sobre Platão e Aristóteles não é fundada na acuidade do engenho ou na sutileza do intelecto, mas apenas "nos exemplos, nas experiências e nos ensinamentos que nos deu o tempo".[50] Como dirá ainda Pascal, deve-se reconhecer que os antigos "conheciam tão bem quanto nós tudo o que da natureza podiam observar". Tendo à disposição apenas a vista, não podiam explicar a Via Láctea diversamente de como o fizeram, nem estavam errados nas suas teses sobre a incorruptibilidade dos corpos celestes, e tinham razão em dizer que a natureza não tolerava o vácuo, "dado que todas as suas experiências os haviam induzido a observar que ela o detestava e não podia suportá-lo". O fato de conhecermos a natureza "mais do que eles conheciam" nos permite "adotar novas visões e novas opiniões sem injúria e sem ingratidão". Por isso, "sem contradizê-los, podemos afirmar o contrário do que eles diziam".[51]

O apelo aos guias e às "escoltas" caracteriza para Galileu a mentalidade dos "historiadores" e dos "doutores de memória" contrapostos aos "filósofos": "Quando quiserem continuar nessa maneira de estudar, abandonem o nome de filósofos e chamem-se ou historiadores ou doutores de memória, que não convém que aqueles que jamais filosofam usurpem o honrado título de filósofo".[52] Essa contraposição da ciência à história é comum a muitos autores. "Não conseguiremos nunca ser filósofos – escreveu Descartes – se lermos todas as argumentações de Platão e de Aristóteles sem sermos capazes de emitir um julgamento seguro sobre um problema determinado: nesse caso demonstraremos ter aprendido não as ciências, mas a história". À história, definida como "tudo o que foi inventado e está contido nos livros", será contraposta a ciência entendida como "habilidade em resolver todas as dificuldades e como descoberta do que pode ser descoberto pela inteligência humana".[53]

Para Malebranche os historiadores parecem homens que conhecem com perfeição as genealogias das casas reinantes há quatro mil anos e não sabem nada das atuais, que estudam com cuidado as ordenações do Grão-Mogol e não conhecem os costumes e os lugares onde vivem, que "tendem para as coisas raras, extraordinárias e distantes" e "ignoram as verdades mais necessárias e mais belas".[54] O rigor da geometria, a sua verdade, para Espinosa, pertencem a um mundo que não está ligado à mudança dos costumes e das instituições, que não depende da aprovação dos ouvintes ou das vicissitudes temporais. Aquele rigor e aquela verdade configuram-se como um ideal de compreensibilidade que pode ser estendido a todo o saber, como sua potencial e anistórica universalidade:

> Euclides, que só escreveu coisas simplicíssimas e muito inteligíveis, é facilmente compreendido por todos em qualquer língua, e para entender seu pensamento tampouco é necessário ter pleno conhecimento da língua em que ele escreveu, mas é suficiente um conhecimento comum, quase rudimentar; e não é necessário conhecer a vida, os estudos, os costumes do autor, nem a língua, o destinatário e a época em que escreveu, a fortuna do livro e as suas várias versões; nem como e por deliberação de quem ele foi aprovado. E o que dizemos aqui de Euclides deve ser dito de todos os que escreveram sobre assuntos por natureza compreensíveis.[55]

O progresso da filosofia pode tornar-se igual ao da geometria. O modelo do saber tem uma estrutura dentro da qual as teorias não se substituem uma pela outra, mas integram-se com base numa generalidade cada vez maior: "Em filosofia – escreve Leibniz – desapareceram as escolas, assim como desapareceram em geometria. Vemos com efeito que não existem euclidianos, arquimedianos ou apolonianos e que Arquimedes e Apolônio não se propuseram subverter os princípios de seus predecessores mas fazê-los progredir (*les augmenter*)".[56]

História, geografia, jurisprudência, teologia, segundo Pascal, pertencem ao número das ciências "que dependem da memória e são puramente históricas". Elas têm como princípio "o fato puro e simples ou a instituição divina ou a humana". Sobre os seus assuntos "só a autoridade pode iluminar-nos" e delas "pode-se ter um conhecimento total, ao qual não seja possível acrescentar nada". Outras ciências, como a geometria, a aritmética, a música, a física, a medicina, a arquitetura, "dependem do raciocínio" e têm por objetivo "a pesquisa e a descoberta de verdades ocultas". Os assuntos dessas ciências "caem sob os sentidos e sob o raciocínio". Aqui "a autoridade é inútil", e só a razão pode conhecer, aqui a mente encontra liberdade para estender as suas capacidades "e suas invenções podem ser sem fim e sem interrupção". Trata-se, na situação presente, "de dar coragem àqueles tímidos que não ousam inventar nada em física e de confundir a insolência daqueles temerários que produzem novidades em teologia". Aperfeiçoamento, crescimento, progressividade caracterizam só as ciências do segundo grupo. Os antigos as encontraram apenas esboçadas; nós as deixaremos aos pósteros num estado mais perfeito do que as recebemos. Sua perfeição "depende do tempo e do trabalho", dado que os segredos da natureza estão ocultos e que ... embora ela seja sempre igual, não é sempre igualmente conhecida". A verdade "não começa a existir quando se começa a conhecê-la" e é sempre "mais antiga que todas as opiniões que dela já se teve".[57]

"Aduzir tantos testemunhos – escreveu Galileu – não serve para nada porque nós jamais negamos que muitos escreveram ou acreditaramem tal coisa, mas dissemos sim que tal coisa era falsa".[58]

11 No terreno dessa colocação dos antigos num mundo que está distante da modernidade e que se configura sob muitos aspectos como arcaico adquire um novo sentido a tese (já presente numa antiga tradição) da Antiguidade como juventude do mundo e da superioridade dos modernos. Os textos da *Battle of the Books* e da *Querelle* foram longamente

estudados[59] e não é o caso de nos determos sobre eles. Bacon havia retomado a tese da Antiguidade como juventude do mundo e da época presente como a maturidade e a velhice que tem maiores conhecimentos e mais amplas capacidades de julgamento. Quase com as mesmas palavras, Descartes afirmará que "não há razão para venerar os antigos por causa da sua Antiguidade porque, do contrário, nós modernos podemos ser chamados de mais antigos que eles. Agora de fato o mundo é mais antigo do que era então e nós modernos temos uma maior experiência das coisas".[60] Dizem que é preciso respeitar a Antiguidade, rebate Mersenne: Aristóteles, Platão, Epicuro, esses grandes homens por acaso se enganaram?

> E não se considera que Aristóteles, Platão, Epicuro eram homens como nós, da mesma espécie que nós e, mais ainda, que o mundo na época em que vivemos é dois mil anos mais velho e tem mais experiência; não se considera que é a velhice do mundo e da experiência que nos permite descobrir a verdade.[61]

Na história do mundo, escreve Comênio,

> acontece necessariamente o mesmo que com o indivíduo em particular; isto é, a sabedoria só chega na tarda idade: por natureza não pode ser de outra maneira. A sabedoria se adquire de fato através da experiência de muitas coisas, ela requer tempo e multiplicidade de ocasiões, pelo que quanto mais tempo se vive tantas mais coisas se fazem: e a relação assídua com as coisas aumenta a experiência, e a experiência, a sapiência ... Então nós, na época presente, com a ajuda de tantos experimentos que nenhuma época anterior pôde conhecer, será que não sabemos muito mais? [62]

Em Nápoles, no ambiente dos "inovadores", que se reportam a Bacon e a Descartes, escreverá Leonardo de Capua: "Assim, nós que nascemos no velho mundo é que devemos realmente ser chamados de velhos e antigos, e não aqueles que nasceram no mundo infante e jovem e que, por experiência, conheceram menos do que nós".[63]

O lento acumular-se da experiência é a fonte e a garantia do progresso do gênero humano. Com base numa nova imagem da ciência como construção progressiva – uma realidade nunca finita mas cada vez mais perfectível – foi se formando também um modo novo de considerar a história humana. Esta podia agora aparecer como o resultado do esforço de muitas gerações, cada uma delas utilizando os trabalhos das gerações anteriores, como o lento acumular-se de experiências sucessivamente perfectíveis:

> Os primeiros conhecimentos que os antigos nos deram serviram de degraus para chegarmos até os nossos, e justamente por isso somos seus devedores da superioridade que temos sobre eles, porque, tendo subido até aquele degrau a que nos levaram, basta um pequeno esforço para subir mais alto ... Aqueles que chamamos antigos na verdade eram novos em tudo e formavam propriamente a infância do gênero humano e assim como nós acrescentamos às suas consciências a experiência dos séculos que os seguiram, é em nós que se pode encontrar aquela Antiguidade que louvamos nos outros.

O nosso panorama é mais vasto que o dos nossos pais, já que nossa experiência leva em conta a experiência deles:

> Não só todo homem progride dia após dia nas ciências, mas todos os homens juntos executam nelas um contínuo progresso à medida que o universo envelhece, porque na sucessão dos homens acontece a mesma coisa que nas diversas idades de um indivíduo. De modo que toda a série dos homens, no curso de tantos séculos, deve ser considerada como um homem que sempre existiu e aprendeu continuamente.[64]

Nesse texto, que remonta a 1647 e permaneceu ignorado dos seus contemporâneos, Pascal deu formulação orgânica à concepção da história como progresso. Em 1688, na *Digression sur les anciens et les modernes,* Fontenelle estendia à *Querelle* a metáfora presente em Pascal:

> A comparação que instituímos anteriormente entre todos os séculos e um homem particular pode ser estendida a

toda a nossa questão sobre os antigos e os modernos. Um bom espírito erudito é, por asim dizer, composto por todos os espíritos dos séculos anteriores, nada mais é que um mesmo espírito que se instruiu em todas essas épocas.[65]

Pascal e Fontenelle, como Comênio e Leibniz, insistiram sobre um tema de importância central: o sujeito cognoscitivo não é o indivíduo isolado, mas a humanidade inteira que progride no tempo. A humanidade, não esse ou aquele homem, tornou-se o protagonista efetivo do processo da história.

12 A imagem do saber como crescimento e acumulação atravessa toda a cultura europeia: desde a época de Bodin, que acredita na existência de bruxas, até a de Diderot, empenhado em lutar contra as superstições em nome de uma visão materialista do mundo. Creio que essa imagem não pode ser entendida no seu valor e significado quando simplesmente contraposta à doutrina humanística (e mais tarde jesuítica) da "superioridade dos antigos" como modelos inatingíveis de humanidade e de cultura. Tanto a obra clássica de R. Foster Jones sobre *Ancients and Moderns* quanto a *History of the Idea of Progress* de John Bury caminham nesse terreno e avançam com base nessa contraposição. Essa interpretação, ainda hoje predominante, nasceu no interior de uma historiografia que tendia a subestimar a incidência exercida pela *prisca theologia* e pela tradição mágico-hermética sobre a cultura europeia. Desse ponto de vista, ela merece ser posta em discussão.

A tese da Antiguidade como infância do mundo e a doutrina do progresso, no pensamento moderno, foram se associando de maneira cada vez mais estreita a uma visão da história que se reporta a Lucrécio e a Diodoro de Sicília, que afirma a existência de origens bárbaras e rústicas do gênero humano, que insiste sobre o lento e trabalhoso emergir do homem de uma bestialidade inicial. Aquela tese e essa visão se afirmam em contraposição à tese de uma originária e insuperável sapiência que está encerrada e oculta nas origens da história e na qual é possível abeberar-se como numa inexaurível fonte de verdade.

Após os estudos de Walter Pagel e de Eugenio Garin sobre a magia renascentista, os de Frances A. Yates sobre a tradição hermética, após as contribuições de D. P. Walker sobre a magia espiritual e demoníaca e sobre a *prisca theologia*, de Allen Debus sobre os paracelsistas ingleses e de Harry Levin sobre o mito da idade do ouro na cultura do Renascimento,[66] é possível hoje – ao contrário do que ocorria nos anos em que escreviam Bury e Foster Jones – traçar as linhas centrais de uma tradição que parte de Ficino e de Pico, é retomada e desenvolvida por Agrippa, Della Porta e Francesco Giorgio, acolhida por Giovanni Tritemio, Giordano Bruno e John Dee e por fim reafirmada – em pleno século XVII – por Tommaso Campanella, Robert Fludd, Athanasius Kircher, Henry More e Ralph Cudworth.

13 Dentro da secular tradição do hermetismo e da *prisca theologia*, o tema "olhar para o passado" – como esclareceu Yates – constitui um motivo central: "A história do homem não se apresentava como uma evolução das primitivas origens animais para formas cada vez mais complexas e adiantadas: o passado era sempre melhor que o presente e progresso significava retorno, renascimento da civilização".[67] De uma mítica idade do ouro passa-se sempre para sucessivas idades do bronze e do ferro. A busca da verdade e o caminho da salvação consistem na procura daquele remoto ouro que está sepultado pelo tempo. Recuperar o sentido genuíno do Texto Sagrado quer dizer recuperar a verdade, procurar um tesouro sobre o qual se depositaram as incrustações do tempo: os partidários do hermetismo viram numa série de textos (considerados antiquíssimos) a expressão de uma originária sacralidade.

Até os humanistas olham para o passado: ler Cícero, Ovídio, Virgílio significa retornar a uma civilização que o humanista considera superior àquela em que lhe tocou por sorte viver e que constitui o inatingível modelo de toda forma de convivência humana. Mas ao contrário do mago, do adepto da tradição hermética, do cultor da *prisca theologia*, o humanista faz referência a um mundo histórico preciso que é colocável no tempo, do qual se pode estudar – com o refinado instrumento da filologia – a fisionomia inconfundível, com o qual é possível confrontar-se numa espécie de competição.

Os escritores herméticos, porém, aceitam as teses defendidas por Latânzio, por Clemente de Alexandria e por Eusébio na polêmica contra a filosofia dos pagãos e colocam os *Hermetica*, os *Hinos órficos*, os *Oracula sybillina*, os *Carmina aurea* (todos eles textos compostos na época helenística entre o II e o III século d. C.) numa indistinta, remotíssima Antiguidade com características totalmente indeterminadas e que é pouco anterior ou pouco posterior ao dilúvio universal. Os partidários do hermetismo atribuem esses escritos a Hermes Trismegisto, a Orfeu, a Pitágoras; consideram que tais escritos contêm os vestígios da verdadeira religião: o monoteísmo, a criação *ex nihilo*, a trindade, a doutrina da imortalidade da alma; veem em Moisés o fundador da *prisca theologia* e em Hermes, um contemporâneo de Moisés; remontam mais atrás no tempo: até Noé, até os patriarcas antediluvianos, até Adão.[68]

Da chamada tradição hermética era possível fazer – como de fato se fizeram – usos muito diferentes. Era possível servir-se dela, como depois fizeram Ficino, Pico e inúmeros outros autores, para transformar todos os filósofos pagãos em precursores e profetas do cristianismo, podendo-se também, como fará Bruno e mais tarde John Toland, afirmar a precedência de Hermes em relação a Moisés e chegar a defender a ímpia tese (contra a qual polemizará energicamente Giambattista Vico) de uma civilização hebraica rude e bárbara, que é devedora ao antiquíssimo Egito de todos os valores positivos presentes na sua história. A história da tradição hermética está de qualquer modo indissoluvelmente ligada à da astrologia, da magia, da alquimia, solidamente ligada às doutrinas relativas aos talismãs, ao valor terapêutico da música, às teses concernentes à desaparecida Antiguidade dos primeiros habitantes das nações individuais: desde os druidas até os itálicos.

O mago do Renascimento podia agir – como no caso de Ficino e de Pico – no âmbito de uma tentativa de integração do neoplatonismo com o cristianismo, ou então – como no caso de Agrippa e de Bruno – podia buscar um contato com a divindade que não passava pelas vias da religião tradicional e se apresentava como a ímpia tentativa de apoderar-se da potência criativa de Deus: em cada caso reportava-se aos documentos preciosos e misteriosos de uma altíssima e inatingível sapiência recuperável das trevas do passado.

Não obstante os muitos perigos que apresentava do ponto de vista da ortodoxia, a *prisca theologia* representou para muitos – numa época que conheceu não poucas revoluções – uma *unbroken view of history*. A referência àquele passado era algo que "incluía e conectava, sem ruptura, o mundo judaico e o cristão, a Grécia e Roma, a antiga Gália e a França medieval". Mediante a *prisca theologia* "procurava-se preservar aquela continuidade da história que a própria revelação cristã tinha ameaçado romper".[69] Essa visão da história – como mostrou Charles B. Schmitt – conjugava a ciência hebreu-cristã, grega e bárbara. Ela respondia a um dos problemas centrais da cultura do Renascimento e aparecerá ainda plenamente operante na *History of the World* de Walter Raleigh, nas obras de Robert Boyle, de Theophilus Gale, de Isaac Newton.[70]

A tendência a colher a unidade que – no fundo – está subjacente às diferenças, a conciliação das distinções numa unidade mais ampla, a pacificação final no Um-Todo: essas são algumas entre as características fundamentais (tantas vezes sublinhadas) da visão mágico-renascentista do mundo. Cada objeto do mundo é repleto de simpatias ocultas que o ligam ao Todo: a matéria está impregnada de divino; as estrelas são viventes animais divinos; o mundo é a imagem de Deus; o homem é a imagem do mundo. O mago é aquele que sabe penetrar dentro dessa realidade infinitamente complexa, dentro desse sistema de caixinhas chinesas. Ele conhece as correntes de influências que descem do alto e sabe construir – mediante invocações, números, imagens, nomes, sons, talismãs – uma cadeia ininterrupta de anéis ascendentes.[71] O amor é o *nodus* e a *copula* que solda indissoluvelmente as partes do mundo uma à outra:

> Todas a partes do mundo, que são obra de um único Artífice, são membros de uma mesma máquina, semelhantes entre si no ser e no viver e ligadas uma à outra por uma espécie de recíproca caridade ... As partes do mundo, ou membros de um único animal, todas dependentes de um só Autor, são reciprocamente unidas pela comunhão de uma só natureza.[72]

Ao mundo, entendido pelo mago como unidade e continuidade, à imagem mágica do mundo como uma grande cadeia, parece corresponder, na visão hermética, uma visão da história como realidade unitária e contínua. A unidade e a continuidade da história fincam raízes num passado que, pelo próprio fato de ser remoto, encerra em seu interior uma originária santidade e uma imaculada pureza. Esse remotíssimo passado é ao mesmo tempo garantia da unidade e da continuidade da vivência humana. Constitui um motivo de sólida certeza no eterno fluir do tempo. É um habitáculo de inatingível sapiência à qual podem reportar-se e à qual podem continuamente recorrer as personalidades excepcionais que, por causa do seu poder mágico, emergem do povo. Recorrendo a essa fonte, a alma pode de certo modo romper as cadeias que a mantêm ligada ao mundo material e operar o difícil processo da regeneração.

Desse ponto de vista – que é o ponto de vista da natureza como um Todo Unitário e da história humana como uma Totalidade Unitária – os sábios continuaram sempre a afirmar, no curso dos milênios, aquelas mesmas verdades eternas que a poucos foi concedido alcançar. A verdade não emerge da história e do tempo: é a perene revelação de um logos eterno. A história é um tecido apenas aparentemente variado: nela está presente uma única e imutável *sapientia*. A diversidade das formas em que ela se manifesta é apenas aparente: "Quando Aristóteles fala da primeira matéria, Platão de *Hyle*, Hermes da *Umbra horrenda*, Pitágoras da *Unidade simbólica*, Hipócrates do *Caos*, todos eles estão na realidade falando da *Escuridão* e do *Escuro abismo* de Moisés".[73]

14 Para perceber os elementos de novidade que estão presentes nas ideias sobre o progresso que operam na cultura do século XVII, creio que seja oportuno sublinhar com força dois motivos que se colocam como alternativa à imagem do saber que é própria da tradição hermética e que operam conjuntamente naquela cultura. Trata-se: 1. da recusa do caráter secreto e iniciático da ciência; 2. do abandono do mito de uma áurea e originária sapiência perdida nas trevas do passado.

A primeira dessas duas recusas é realizada em nome de um ideal "laico" e "democrático" do saber. A segunda é realizada em nome de uma ideia da história como evolução, como lenta e gradual passagem da rusticidade de uma primitiva barbárie para as "ordens civis" e a vida social. Historicidade e temporalidade parecem categorias essenciais tanto para a interpretação do mundo humano como para a compreensão do mundo natural.

Os parágrafos seguintes são dedicados a tratar brevemente desses dois motivos. Aqui também uma advertência: a história das ideias é obviamente mais complicada que os esquemas usados para procurar nela linhas de tendência. Em muitos expoentes da nova ciência – desde Kleper até Newton e outros – são facilmente identificáveis temas e motivos característicos da tradição hermética. Em muitos teóricos da história como passagem dos "tempos rudes" para a civilização – desde Bodin até Rousseau e outros – são identificáveis as referências à imagem de um *retorno* e aparece fortemente operante o esquema judaico-cristão do pecado, da expiação, da redenção.[74]

Desses dois pontos de vista a figura de Francis Bacon pode, mais uma vez, parecer característica: a sua teoria das formas – que opera com vistas a uma tradução dos fenômenos em termos de modelos mecânicos – não é fortemente condicionada pela tradição alquimista? A própria *Instauratio* não se configura também como a tentativa de reconquistar aquilo que o pecado original tirou do gênero humano? A revolução, da qual ele se sente o arauto, não é também apresentada como a realização de uma mensagem mais antiga?

15 A distinção, que tem origens gnósticas e averroístas, entre dois tipos de humanidade – a multidão dos simples e dos ignorantes e os poucos eleitos que estão em condições de colher a verdade oculta sob a letra e os símbolos e que são iniciados nos sagrados mistérios – está solidamente ligada à visão do mundo e da história que foi própria do hermetismo.[75] Tal distinção marca profundamente a linguagem da alquimia e da magia. Como já foi justamente escrito, o uso contínuo de trocas semânticas, de técnicas de tipo analógico confere a esse tipo de tratamento "um andamento retórico e simbólico-religioso em que a relação entre experiência e linguagem, entre dados empiricamente constatados e sua descrição e comunicação, se apresenta ambígua e alusiva".[76] Obscuridade e alusividade ou falta de rigor nascem no terreno do caráter iniciático-religioso desses textos:

> Nenhum dos antigos jamais pode alcançar o sentido divino desta arte mediante o seu engenho natural: nem segundo a razão natural apenas, nem segundo a experiência, porque ele – à semelhança de um mistério divino – está acima da razão e acima da experiência.[77]

Para além das conexões razão-experiência (obviamente presentes também nas pesquisas alquímicas) abre-se um terreno que transcende a ambas e que não é marginal mas constitutivo daquele universo de discurso: o *lapis*, fundamental nas transmutações, é um princípio divino e é objeto de iluminação. Qualquer nome lhe convém e qualquer predicação é incapaz de determinar seu significado.[78]

Como notava F. S. Taylor, a referência a um "elemento" não implica quase nunca, nos textos da alquimia, uma descrição das suas características reais. Os alquimistas não falam do ouro concreto e do enxofre concreto. Jamais o objeto é simplesmente ele mesmo; é também signo de outro, receptáculo de uma realidade que transcende o plano em que ele existe. Por isso, o químico que examina hoje as obras alquimistas "experimenta a mesma impressão que experimentaria um pedreiro que quisesse extrair informações práticas para o seu trabalho de um texto da maçonaria".[79] Os iniciados, justamente porque compreendem os segredos da Arte, "verificam com isso a sua pertença ao grupo dos iluminados". Todos os cultores da Arte, escreve Bono de Ferrara, "se entendem mutuamente como se falassem uma única língua que é incompreensível a todos os outros e que só é conhecida deles próprios". O conhecimento, afirma Thomas Vaughan na *Magia adamica*, é feito de visões e de revelações: através da divina iluminação o homem pode chegar a uma total compreensão do universo.[80]

A magia cerimonial, notará Bacon, opõe-se ao mandamento divino segundo o qual o pão será ganho com o suor do rosto e "propõe-se atingir com escassas, fáceis e pouco trabalhosas observâncias aqueles nobres efeitos que Deus impôs ao homem que conquistasse ao preço do seu trabalho". As invenções, escreverá ainda, "são cultivadas por poucos, em absoluto e quase religioso silêncio".[81] Sobre o caráter "sacerdotal" do saber mágico, sobre a mistura de ciência e religião que é a característica fundamental da tradição hermética, insistirão todos os críticos e opositores da magia.

A distinção entre *homo animalis* e *homo spiritualis*, a separação entre os simples e os eruditos se converte na identificação dos objetivos do saber com a salvação e a perfeição individual. A ciência coincide com a purificação da alma e é um meio para escapar ao destino terreno. O conhecimento intuitivo é superior ao racional: a inteligência oculta das coisas identifica-se com a libertação do mal:

> Somente para vós, filhos da doutrina e da sapiência, escrevemos esta obra. Perscrutai o livro, recolhei o saber que dispersamos em vários lugares. Aquilo que ocultamos num lugar nós o manifestamos em outro ... Escrevemos somente para vós, que tendes o espírito puro, cuja mente é casta e pudica, cuja fé ilibada teme e reverencia a Deus ... Somente

vós encontrareis a doutrina que só a vós reservamos. Os arcanos, velados por muitos enigmas, não podem tornar-se transparentes sem a inteligência oculta. Se conseguirdes essa inteligência, então toda a ciência mágica penetrará em vós e em vós se manifestarão aquelas virtudes já adquiridas por Hermes, Zoroastro, Apolônio e pelos outros operadores de coisas maravilhosas.[82]

A verdade se transmite pelo contato pessoal mediante "os cochichos das tradições e os discursos orais".[83] A comunicação direta entre mestre e discípulo torna-se o instrumento privilegiado da comunicação: "Não sei se alguém, sem um seguro e experiente mestre, pode compreender o sentido somente mediante a leitura dos livros ... Essas coisas não são confiadas às cartas nem escritas com a pena, mas são infundidas de espírito para espírito mediante palavras sagradas".[84]

16 A tomada de posição – por parte dos expoentes da nova ciência – em favor do rigor linguístico e do caráter não alusivo da terminologia forma uma só coisa com a recusa de qualquer distinção de princípio entre os simples e os cultos: as teorias são integralmente comunicáveis e os experimentos continuamente repetíveis.

Não introduzimos nesta obra – escreve Gilbert no *De Magnete* – nem as graças da retórica nem os ornamentos verbais. Procuramos apenas tratar dos problemas complicados e sobre os quais pouco se sabe, num estilo e numa terminologia que tornem claramente inteligível aquilo que é dito. Empregamos às vezes palavras novas e nunca usadas. Mas não, como fazem os alquimistas, para ocultar as coisas mediante a terminologia tornando-as nebulosas e obscuras, e sim para que as coisas ocultas e que não têm nome resultem plena e claramente compreensíveis.[85]

Boyle também, no *The Septical Chymist*, tomará posição contra o modo "obscuro, ambíguo e quase enigmático" com o qual se exprimem os alquimistas. A polêmica contra "as fanfarras das ostentações e os subterfúgios da obscuridade" atravessa a obra dos artesãos superiores, dos filósofos e dos cientistas.[86] Os alquimistas, disse Giorgio Agricola, "não chamam as coisas pelos próprios nomes e vocábulos, mas por nomes estranhos, tirados de suas cabeças". Os alquimistas, dirá Galileu, "guiados pelo humor melancólico", partem do pressuposto de que todas as mais elevadas inteligências do mundo escreveram sobre o modo de fazer ouro esforçando-se "para dizê-lo sem revelá-lo ao público". Por isso, "foram inventando essa e aquela maneira de escondê--lo sob várias coberturas".[87]

Por que os adeptos da alquimia, pergunta Mersenne, não se dispuseram a estudar os resultados das suas descobertas "sem mais mistérios nem arcanos"? À avaliação positiva da coragem intelectual manifestada por Galileu nas suas descobertas astronômicas, Bacon associou o elogio da sua honestidade intelectual: "honestamente e de modo perspícuo homens de tal espécie deram conta do modo como para eles resulta cada ponto particular da sua pesquisa".[88] Aqueles que se perdem seguindo vias extraordinárias, escreverá Descartes, são menos desculpáveis que aqueles que erram em companhia de outros. Nas "trevas da vida", dirá Leibniz, é necessário caminhar juntos porque o método da ciência é mais importante que a genialidade dos indivíduos e porque o fim da filosofia não é o melhoramento do próprio intelecto, mas o de todos os homens".[89] Ao ideal do *advancement of learning*, de um aumento do saber e de sua difusão reportam-se, de maneiras diferentes, Leibniz, Hartlib e Comênio. "O ardor das pessoas em abrir escolas" parecia ao autor da *Pansophiae prodromus* algo que caracterizava os novos tempos. Para Comênio, deriva daquele ardor

> a grande multiplicação de livros em todas as línguas e em toda nação a fim de que também as crianças e as mulheres adquiram familiaridade com eles ... Agora finalmente emerge o esforço constante de alguns para elevar o método de estudos a um grau tal de perfeição que qualquer coisa digna de ser conhecida possa ser facilmente instilada nas mentes. Se esse

esforço tiver sucesso (como espero) encontrar-se-á o caminho procurado para ensinar rapidamente tudo a todos.[90]

17 A batalha em favor de um saber universal, compreensível a todos porque por todos comunicável e por todos construível, já no curso do século XVII estava destinada a passar do plano das ideias e dos projetos dos intelectuais para o das instituições civis. Contra "o espírito de seita" e contra as "vãs afetações" voltava-se a obra daqueles que contribuíram para efetuar a passagem do estudo da filosofia natural do plano privado para o plano público, e que levaram as ideias a incorporar-se nas instituições e a operar dentro delas:

> No que concerne aos membros que devem constituir a Sociedade, é de notar-se que são livremente admitidos homens de diferentes religiões, países e profissões ... Eles prometem abertamente não preparar a fundação de uma filosofia inglesa, escocesa, irlandesa, papista ou protestante, mas a de uma filosofia do gênero humano ... Procuraram colocar sua obra numa condição de perpétuo crescimento, estabelecendo uma inviolável correspondência entre a mão e a mente. Procuraram fazer disso a empresa não de uma temporada ou de uma afortunada ocasião, mas algo de sólido, durável, popular, ininterrupto. Procuraram liberá-la dos artifícios, dos humores, das paixões das seitas, transformá-la num instrumento mediante o qual a humanidade possa obter o domínio sobre as coisas e não só sobre os juízos dos homens. Procuraram enfim efetuar essa reforma da filosofia não mediante solenidades de leis ou ostentações de cerimônias, mas mediante uma sólida prática e mediante exemplos, não por uma gloriosa pompa de palavras, mas por meio dos silenciosos, efetivos e irrefutáveis argumentos das produções reais.[91]

18 Em uns poucos versos, que se tornaram justamente famosos, Fulke Greville deu expressão à convicção de uma época feliz em que reinava a Natureza em vez da Arte e durante a qual os corações dos homens eram unidos e todas as sociedades formavam uma sociedade só:

There was a time, before the times of story
When Nature reign'd instead of Laws or Arts
And mortal gods, with men made up the glory
Of one Republic by united hearts.[92]

[Houve um tempo, antes dos tempos da história
Em que reinava a Natureza em vez das Leis ou das Artes
E deuses mortais, ao lado dos homens, com os corações unidos
Construíram a glória de uma só República.]

O mito da idade do ouro e de uma originária bondade e unidade dos homens, como se sabe, tinha raízes antigas e estava destinado a prolongar-se no tempo. Por isso, deve-se destacar a importância da recusa desse mito nos autores aos quais habitualmente se reserva um lugar não secundário na história da ideia de progresso.

> Nos famosos séculos de ouro e de prata – escrevia Bodin em 1566 – os homens viviam dispersos pelos campos e pelos bosques, semelhantes a bestas selvagens, e possuíam apenas aquilo que podiam conservar mediante a força e o crime. Foi preciso muito tempo para conduzi-los pouco a pouco dessa vida bárbara e selvagem para costumes civis, para uma sociedade regulada e para a presente humanidade de costumes.[93]

Na chamada idade do ouro – afirmará Bruno – os homens viviam em estado bestial, não eram nem mais virtuosos nem mais inteligentes do que são hoje os animais, mas uma vez "nascidas as dificuldades, surgidas as necessidades, aguçaram-se os engenhos, inventaram-se as indústrias, descobriram-se as artes; e cada vez mais, dia após dia, por meio da superioridade, da profundidade do intelecto humano, estimulam-se novas e maravilhosas invenções". E Gabriel Harvey em 1580:

> Pensam que a primeira idade foi uma idade áurea. As coisas não são assim. Bodin afirma que a idade do ouro está florescendo agora e que os nossos remotos ancestrais avançaram com dificuldade no curso das idades do bronze e do

ferro, nos inícios, quando tudo era rudimentar e imperfeito em confronto com o refinamento dos tempos em que vivemos.[94]

No *De sapientia veterum* de Francis Bacon – um texto longamente meditado por Vico – falava-se de "tempos rudes" nos quais o espírito dos homens era "incapaz de sutileza exceto em relação ao que caía sob os sentidos". Naqueles tempos remotos até mesmo as conclusões da razão, que hoje parecem óbvias e comuns, pareciam novas e insólitas e "tudo era cheio de enigmas, parábolas e similitudes". Os textos de Hobbes sobre a ausência de indústria, de navegação, de artes, de edifícios e de máquinas nos primeiros tempos da história, suas afirmações sobre o contínuo temor em que viviam então os homens, sobre a vida humana que era então "pobre, lúrida, brutal e curta", são por demais conhecidos para que valha a pena recordá-los aqui. Mas deve ser sublinhado com vigor que, dentro desse tipo de perspectiva, no interior desse quadro "lucreciano" da primeira história do mundo, o tempo se configura como um elemento essencial ao alcance da verdade e dos valores. Os valores e a verdade – assim como o uso da razão, a linguagem, a sociedade – não pertencem à natureza do homem que foi jogado na terra numa condição miseranda: são conquistas perseguidas e alcançadas no curso do tempo, que resultam de uma série de tentativas, da repetição das observações, da acumulação das experiências. Dirigindo-se ao Parlamento em 1619 com vistas a uma reforma da universidade, John Hall escrevia:

> Quando consideramos a vida do homem, e o vemos na nua condição em que a natureza o jogou na terra, por acaso não o achamos uma criatura mísera e impotente? Ainda mais mísera que as criaturas brutas que possuem no máximo o uso de uma razão débil e embaçada que seria melhor chamar sentido, mas não sabem julgar sua própria condição, e por isso falta-lhes o elemento fundamental da miséria, isto é, a consciência dela. O homem porém é traído pela sua razão que não pode ser totalmente anulada nele ... Ela o leva a dar-se conta de seus sofrimentos e a formular vagos e indistintos desejos de algo melhor ... Na condição animal na qual em certo sen-

tido ele vive, não tem outra maneira para erguer-se da miséria e da escravidão a não ser aquele pouco conhecimento que o acaso e os obscuros princípios da sua razão possam fornecer-lhe. Se examinarmos o modo como os homens se uniam nas sociedades primitivas, e se ajudavam uns aos outros por meio de tentativas comuns e observações, vemos que se aproximam tanto mais das sociedades civis quanto mais puderam recolher experiências e alcançar um conhecimento melhor da vida ... Aqueles homens, que não possuíam conhecimento algum e que provavelmente o teriam desprezado se lhes fosse oferecido em toda a sua magnificência, na realidade viviam e progrediam para a civilização justamente graças a ele.[95]

19 De certo modo, é possível tocar esses temas com as próprias mãos trabalhando na história da geologia ou na história das discussões seiscentistas e setecentistas relativas ao problema da origem da linguagem. Nesse terreno nasce de fato a recusa de uma língua natural enfiada por Deus na mente de Adão. Sobre o fundo dessa imagem da história, nasce a insistência sobre o aprendizado gradual da linguagem e da escrita, que progridem paralelamente ao progresso do conhecimento e das artes; nesse terreno nasce a tese da precedência da fala inarticulada sobre a articulada e de uma escrita primitiva (feita de imagens e de hieróglifos) sobre a escrita alfabética.

A linguagem não é anterior à sociedade e à história, e o homem não aprendeu a falar no paraíso terrestre. Aceitar que o hebreu pudesse não ser o resíduo (mais ou menos alterado) do originário patrimônio linguístico transmitido por Deus ao primeiro homem significava abrir caminho para as disputas sobre o caráter "originário" desta ou daquela língua. Com a possibilidade de ter de reconhecer ao povo que a falava uma maior Antiguidade em relação ao povo hebreu. O problema da Antiguidade das nações pagãs – que foi exaustivamente discutido por mais de três séculos, dando lugar a uma interminável literatura – estava, por sua vez, estreitamente ligado ao das migrações dos povos, à reflexão sobre os selvagens americanos, às discussões sobre a *prisca theologia* e sobre a sapiência dos egípcios e dos chineses. O problema da história dos povos mais antigos não era separável daquele relativo aos seus mitos, às "fábulas" dentro das quais estava encerrada a narração de sua história mais remota.

Entre esses mitos, o do dilúvio estava particularmente em condições de propor perguntas inquietantes sobre a universalidade do relato bíblico. No curso do século XVII, a afirmação de uma catástrofe natural que está nas origens da história tinha formado uma coisa só com o problema da formação da Terra, das modificações que o tempo introduziu sobre sua superfície. A visão tradicional da natureza – aquela que está presente nos escritos de John Ray e que será acolhida dentro da escola newtoniana – baseava-se na convicção de uma estabilidade fundamental das estruturas naturais. Estrelas, rochedos, montanhas, grutas, mares, espécies viventes parecem realidades "criadas por Deus no princípio do mundo e por Ele conservadas até o dia de hoje no mesmo estado e condição em que foram postas na existência".[96]

Acaso e mudança assumem um papel subordinado na estrutura do mundo: o movimento dos planetas, as variações biológicas, o crescimento dos indivíduos, as mutações, não devem alterar o admirável desígnio que está subjacente às eternas estruturas do universo. A suposição de que algumas espécies se extinguiram, na perspectiva assumida por Ray, é uma hipótese não admitida pelos filósofos "dado que eles consideram que a destruição de uma espécie é uma mutilação do universo que o torna imperfeito, enquanto julgam que a Divina Providência tende sobretudo a conservar e a tornar estáveis as obras da criação".[97]

Os discursos sobre o nascimento e a formação da Terra, sobre os fósseis, sobre a presença no passado de espécies extintas, colocavam-se frequentemente em radical antítese com essas perspectivas:

> Diversas espécies de coisas – escreve Robert Hooke – podem ter sido inteiramente destruídas e aniquiladas e muitas outras podem ter sido mudadas e variadas. Vemos de fato

que existem diversas espécies de animais e de plantas peculiares a determinado lugar e que não podem ser encontradas em outra região. Se um desses lugares foi engolido pela terra não é improvável que aqueles animais e aquelas plantas tenham sido destruídos com ele ... Essa é talvez a razão pela qual podemos hoje encontrar nas rochas os esqueletos de diversos peixes petrificados.[98]

Escreve Leibniz em 1693:

Tenho nas mãos fragmentos de rocha nos quais estão esculpidos bagres, dourados, carpas. Há pouco tempo foi retirado de uma pedreira um enorme lúcio que tinha o corpo dobrado e a boca aberta como se, surpreendido ainda vivo, tivesse enrijecido contra a gorgônea força petrificante ... A esse propósito, muitos se refugiam na ideia dos *lusus naturae*, mas tudo indica uma causa muito mais manifesta e constante dos jogos do acaso ou de não sei que ideia seminal, que são apenas termos vãos inventados pelos filósofos.[99]

Leibniz preferia recorrer a causas naturais, comparava as obras da natureza às do homem, servia-se das segundas para construir um modelo compreensível das primeiras. Fazia referência à técnica empregada pelos ourives para reproduzir, pelo molde de bichinhos recém mortos, suas imagens em ouro ou em prata. Estava vivo nele sobretudo o sentido dos longos processos temporais que tinham ocorrido no passado da natureza e a vontade de interpretar os fósseis como "documentos" desse passado que sobreviviam sob a superfície terrestre: "Conhecemos apenas a superfície do globo e só podemos penetrar alguns poucos metros debaixo dela, mas o que encontramos nessa casca (*cette écorce du Globe*) parece o efeito de grandes abalos passados".[100]

20 A história natural passava lentamente, mas segundo um processo não mais refreável, do plano de uma *historia* como descrição e classificação de estruturas imutáveis para o de uma história que sublinha a função das mudanças e do tempo na vida da natureza. Fósseis, rochas, grutas, monta-

nhas tornam-se documentos da história da terra. As montanhas são comparadas aos templos dos antigos. Elas "demonstram a grandeza da natureza do mesmo modo que os templos e os anfiteatros romanos demonstram a grandeza daquele povo".[101] Como Burnet, Leibniz também falava da sua pesquisa como versando "sobre os mais antigos vestígios da história presentes nos monumentos da natureza".[102] A comparação não é apenas literária. Exprime uma mudança de perspectiva à qual – um século mais tarde – Buffon dará expressão plena comparando a história civil à natural, afirmando que "se deve vasculhar nos arquivos do mundo, extrair das vísceras da terra os velhos monumentos, recolher seus restos e reunir num corpo de provas todos os traços das mudanças físicas que possam fazer-nos remontar às diversas idades da natureza". Só assim – continuava – será possível "fixar algum ponto na imensidão do espaço e colocar alguma pedra tumular sobre o caminho eterno do tempo".[103]

Se era novo o *pathos* presente na obra de Buffon, não eram novas essas ideias que ele havia tirado de Burnet, de Leibniz, de Hooke e muitos outros autores seiscentistas de fantasiosos "romances cosmológicos". Para muitos expoentes da cultura do século XVII o estudioso da terra parecia uma espécie de antiquário e os fósseis eram como "monumentos e fontes capazes de informar as idades posteriores daquilo que aconteceu no passado", e essas fontes pareciam "escritas sobre monumentos mais duradouros que as pirâmides e os obeliscos dos egípcios. Insistindo sobre as mudanças chegava-se a fazer coexistir, numa perspectiva nova, a ideia de progresso e de decadência:

> Este globo de terra, sobre o qual habitamos, muda continuamente e passa de um estado anterior a um estado diferente. Esse último, por certos aspectos, pode ser considerado mais perfeito; por outros, revelar ao contrário uma tendência à dissolução final.[104]

Nesse terreno nasciam problemas destinados a permanecer centrais até a época de Darwin, questões que interessavam à história, às visões do mundo, às teorias sobre a linguagem, à teologia. Como conciliar a imagem de uma lenta formação da Terra com o resumo da criação? Que relação deve ser posta entre o mito de um perfeito Adão, gerado pela divina sapiência, e a concepção de uma humanidade primitiva que vive no temor e na barbárie, que emerge lentamente para a fala e a construção de instrumentos? Como fazer entrar esses processos – que envolvem simultaneamente a história natural e a história humana – dentro dos seis mil anos admitidos pela teologia bíblica? Para elaborar respostas a essas perguntas foram escritas, da metade do século XVII à metade do século seguinte, inúmeras páginas.

Num livro dedicado à história natural da Terra e publicado em 1695, John Woodward – lembrado sobretudo como geólogo e colecionador de fósseis – afirmava que todas as nações um dia foram bárbaras e que os mais antigos filósofos tinham dado expressão à "infância da filosofia". Entre os homens que viviam nas primeiras épocas da história, continuava:

> Não existe traço de cultura ou matéria de reflexão e temos notícia de pouca ou nenhuma escrita ... Sei bem que alguns falam de letras alfabéticas antes do dilúvio, mas trata-se de matéria puramente conjetural e eu demonstrarei que é porém muito provável que não existissem.[105]

Partindo da imagem dos antiquíssimos bretões como *wild men*, privados de leis e de governo, vestidos de peles de animais, que se alimentam de ervas e de raízes, que realizam sacrifícios humanos, Woodward – que era homem muito piedoso – chega a abraçar a tese hobbesiana dos "brutos": "Não se achará estranho que os nossos antigos progenitores fossem tão rudes e incivis naqueles tempos distantes, porque é bem sabido que todo o gênero humano antigamente era assim em toda a superfície do globo".[106] Para Samuel Suckford – que escreve cerca de trinta anos depois – não existe no passado do gênero humano nenhuma linguagem natural e perfeita. As línguas se formam na história, são uma conquista que deriva da arte, da invenção e das necessidades da vida. Essa conquista requer tempo e se realiza no tempo: "Os homens só chegaram à perfeição por graus. O tempo e a experiência os levaram de uma coisa à outra ... até que chegaram a formar métodos aptos a realizar aquilo a que tendiam".[107]

21 Nas raízes da história — em contraste radical com os adeptos da tradição hermética e da *prisca theologia* — não está a sapiência recolocada, não está uma fonte incorrupta e sagrada de verdade: estão o instinto, a irracionalidade, a violência, a estupefata barbárie dos brutos primitivos. Como verá muito bem Vico — que por volta de 1710 tinha adotado a tese de uma sapiência originária e perdida — trata-se de uma alternativa precisa: "Duas e não mais são as maneiras que se pode imaginar na natureza pelas quais o mundo das nações gentis tenha começado: ou por alguns homens sapientes que o tivessem ordenado por reflexão, ou que brutos humanos tivessem chegado a ele por determinada sensação ou instinto humano".[108]

Os primeiros homens "eram simples, rudes, mergulhados no sentido, podiam exprimir suas imperfeitas concepções das ideias abstratas e as operações reflexas do intelecto apenas mediante imagens sensíveis".[109] Essas expressões são do bispo William Warburton, que, exatamente como Vico, naqueles mesmos anos, tinha chegado a defender a tese do caráter totalmente fantástico e imaginativo da mente dos primeiros habitantes da Terra, preocupando-se porém (mais uma vez como Vico) em manter bem separada a história do povo hebreu da história das nações gentílicas. As teses, que (erradamente) estamos habituados a considerar somente *viquianas*, de um desenvolvimento histórico da linguagem e da escrita, de seu lento emergir no curso da história, estão variadamente presentes na cultura europeia desde os anos vinte do século XVII até além da metade do século XVIII.[110]

Essas teses, que afirmavam os inícios "rudes" e "estúpidos" do gênero humano, levavam à destruição do mito de Adão e à ideia de um lento crescimento da civilização, de uma progressiva racionalização dos instintos, de uma passagem da idade das sensações e das imagens simbólicas para a idade da razão e das abstrações conceituais. Essa afirmação e essa ideia estavam ligadas à tradição epicurista, às correntes ateístas e libertinas, tinham sido retomadas por Richard Simon, por Hobbes, por Gassendi, por Toland. Mas elas tinham se infiltrado, laboriosamente, até em meios muito ligados à tradição e entre eruditos e filósofos que não estavam nada dispostos a abraçar as teses mais extremas de La Peyrère, Hobbes ou Espinosa: teses que pareciam radicalmente destruidoras do mito hebreu-cristão de uma origem divina do homem e de suas instituições.

Para a formação da ideia de progresso certamente contribuíram muito as amplas e seculares discussões sobre a origem e a formação da Terra, sobre as conexões entre história da natureza e história do homem, sobre a cronologia, sobre a origem da civilização como emersão de uma primitiva barbárie. Em nome de uma história da pura filosofia ou de uma não melhor qualificada "história das teorias", fomos muitas vezes impedidos de perceber os vínculos que ocorrem entre as teorias e as ideias, as convicções que operavam no passado. Discussões desse tipo ocupam de fato um lugar totalmente marginal ou não ocupam lugar algum, nas várias "histórias" da ideia de progresso. Nesse complicado terreno confluíam porém as novas filosofias e as obras de direito natural; as reflexões sobre os selvagens, o trabalho dos estudiosos dos mitos e da cronologia, os estudos bíblicos, as heranças do epicurismo e de Lucrécio; as disputas sobre a Antiguidade das línguas; as avaliações das civilizações dos hebreus, dos egípcios, dos americanos e dos chineses; os resultados realmente imponentes da nova erudição e das pesquisas sobre os fósseis e sobre a história da natureza.

22 À guisa de conclusão provisória, parece que dois pontos devem ser sublinhados:

1. A ideia de que os primeiros habitantes da terra fossem fundamentalmente diferentes dos homens civis, que a sua mentalidade fosse em certa medida semelhante à das

crianças e dos camponeses incultos, isto é, a ideia de que existe uma espécie de terreno comum – o da mentalidade primitiva – distante do pensamento racional e da dimensão científica, já está solidamente presente na cultura do final do século XVII. Ela atravessará (como sublinhou acertadamente Frank Manuel[111]) toda a cultura do século seguinte.

2. Numa visão nova da história do homem e da história da natureza as relações entre o homem e a natureza também estavam se configurando de modo diferente. No curso do tempo, o *habitat* do homem sofreu mudanças radicais. Elas são fruto ou de imprevistos e repetidos abalos (catastrofismo) ou de lentas e quase imperceptíveis modificações (uniformismo). Em todo caso, nessas mudanças incidiram de maneira não secundária a obra do homem, as técnicas que ele foi construindo, o seu "esforço perseverante" no trabalho. O homem deve também a si próprio a natureza dentro da qual se desenvolve sua vida. Como escreverá Leibniz: *"Tantum orbis facies mortalium studio mutata est, ut magnam habitationis suae partem genus humanum credat sibi ipsi debere"* ["O aspecto do mundo mudou tanto por obra dos homens que o gênero humano julga dever a si mesmo grande parte da sua própria morada"].[112]

23 "O interesse, a ambição, a vanglória mudam continuamente a cena do mundo, inundando de sangue a terra, e em meio a tais ruínas os costumes se civilizam, o espírito humano se ilumina, as nações isoladas se aproximam, o comércio e a política reúnem todas as partes da terra, e a massa inteira do gênero humano, através de períodos alternados de calma e de agitação, de bem e de mal, avança ainda que a passos lentos para uma perfeição cada vez maior."[113]

A ideia moderna de progresso encontrou a sua expressão clássica nos textos de Condorcet e de Turgot e, depois, de Saint-Simon e de Comte. Afirmou-se vigorosamente sobretudo na segunda metade do século XIX. Entrou numa crise profunda nos anos compreendidos entre as duas guerras mundiais.

A ideia de um crescimento e de um desenvolvimento do gênero humano, a noção do *advancement of learning*, foram se transformando no final do século XVIII numa verdadeira e própria *teoria* na qual entravam em jogo: a noção de perfectibilidade do homem e de sua natureza alterável e modificável; a ideia de uma história unitária ou "universal" do gênero humano; os discursos sobre a passagem da "barbárie" à "civilização", sobretudo a afirmação de constantes ou de "leis" operando no processo histórico. Entre a metade do século XVIII e a metade do XIX, a ideia de progresso acabará por coincidir – no limite – com a de uma ordem providencial, imanente ao devenir da história.

A convicção da existência dessa ordem atuará, de formas diversas, em Condorcet, Turgot, Saint-Pierre, Comte, Spencer e, mais tarde, nos expoentes do darwinismo social, junto aos quais o progresso se configura como uma necessidade natural e a civilização é considerada uma parte da natureza. O evolucionismo assume tonalidades religiosas; a teoria da evolução é levada a coincidir com a do progresso; as aspirações dos homens se identificam com as da natureza:

> A teoria da evolução – escreverá em 1889 um dentre os muitos darwinistas italianos – é com toda a razão chamada também teoria do progresso. Doravante não se trata mais de aspirações sentimentais. Os promotores do progresso têm uma base segura contra a qual se chocam todas as objeções cínicas ou cépticas. Eles sabem que o seu ideal, ou, se quiserem, o seu sonho, é o sonho da Natureza.[114]

A propósito do tardo-iluminismo e do positivismo falou-se, não por acaso, de *fé* no progresso e de uma procura da *lei* do progresso. Essa fé repousava principalmente sobre três convicções: 1. na história está presente uma lei que tende, através de graus ou etapas, à perfeição e à felicidade do gênero humano; 2. tal processo de aperfeiçoamento é geralmente identificado com o desenvolvimento e com o crescimento do saber científico e da técnica; 3. ciência e técnica são a principal fonte do progresso político e moral, constituindo a confirmação de tal progresso. Essa ideia de progresso que não põe limites às esperanças do homem, que identifica o progresso com um processo necessário, que concebe os obstáculos como sempre provisórios e sempre superáveis, que vê na ciência e na técnica apenas suaves instrumentos, pertence irremediavelmente ao passado, é expressão de um mundo que não é mais o nosso. Nesse mundo o "sucesso" parece baseado nas ilimitadas capacidades criativas do homem; a ideia de luta e de conquista se associa ao culto pelo *homo faber* capaz de domesticar a natureza e de civilizar os povos bárbaros; a sensação de aventura no grande jogo da sociedade e na grande competição entre o homem e a natureza acompanha a fé na continuidade e na eternidade do *regnum hominis*. A realidade aparece inteira e sempre controlável por meio de uma série de escolhas responsáveis e construtivas. A natureza se configura como uma entidade integralmente dominável. Em inúmeros filósofos, cientistas e intelectuais, esteve presente, nos "anos da segurança", a convicção de viver — enquanto herdeiros do Humanismo e da revolução científica — no centro da história do mundo, de encarnar os valores universais presentes na história, de ser os portadores de modelos de vida universalmente imitáveis:

> Nenhum fardo de mercadoria deixa nossas praias sem levar sementes de inteligência e de pensamento frutífero aos membros de alguma comunidade menos iluminada; nenhum mercador visita a sede da nossa indústria manufatureira sem retornar ao seu país como missionário de liberdade, de paz e de bom governo, enquanto nossos navios que agora visitam todas as partes da Europa e nossas maravilhosas estradas de ferro de que falam todos os povos são os arautos e os fiadores das nossas iluminadas instituições.[115]

24 A crise da ideia de progresso e a identificação dessa ideia com um mito oitocentista estão ligadas às perspectivas da cultura europeia do segundo e do terceiro decênio do século XX, à sensação do "inútil massacre" da Primeira Guerra Mundial, à grande crise dos anos 30.[116] A guerra e a crise

destruíram o mundo da segurança; a Ciência, o Progresso, a Europa não aparecem mais no centro da história humana; a história aparece privada de tendências, de perspectivas de direção; a realidade se configura como uma luta desigual entre o indivíduo e as forças cegas e incontroláveis que operam na história; a sociedade parece uma máquina devastadora da natureza autêntica do homem.

Certamente não é possível determinar aqui de que modo e por quais vias a imagem oitocentista do progresso foi substituída – no curso de uma grande crise na qual continuamos a viver – pelas visões apocalípticas de uma natureza não controlável, as afirmações sobre o inevitável fim da civilização, os discursos sobre a superioridade do elemento lúdico em relação ao construtivo, os apelos à natureza como reconquista de um perdido tempo interior. O que é certo é que do providencialismo que está presente em muitos pensadores da segunda metade do século XIX passou-se ao temor diante de um mundo não controlável e esse temor foi se associando, de modo cada vez mais consistente, a uma recusa do intelecto, da ciência, da técnica, da indústria.

Os temas presentes em Spengler retornam, quase obsessivamente, na cultura do século XX; a escravidão do homem contemporâneo, a dessacralização da pessoa, a responsabilidade das máquinas, a ímpia violação da intacta natureza. O que é moderno não coincide mais com o que é humano. A veneranda *Querelle des anciens et des modernes* parece reabrir-se em termos invertidos: na perspectiva dos novos teóricos do Apocalipse é progressiva a negação da coincidência modernidade-humanidade; é reacionária a afirmação de tal coincidência. A recusa da mitologia do progresso torna-se recusa da modernidade. Nenhum programa de convivência, nenhum projeto de sociedade pode mais ter um sentido. O "selvagem tecnicizado" – afirmava Keyserling – tornou-se o modelo em que se inspiram as massas.[117]

25 Era necessário apontar para a imagem oitocentista do progresso e para a sua crise. Falar de "origens" da ideia de progresso não pode de fato prestar-se a muitos equívocos?

Afirmar que o pensamento das origens "se realize" ou "encontre seu cumprimento" ou "se resolva" naquilo que foi pensado ou teorizado mais tarde não quer dizer compartilhar em certa medida a "mitologia" do progresso e crer que a história do pensamento avance por sucessivas *superações?*

Quero portanto chamar a atenção sobre algumas diferenças. A cultura do tardo-iluminismo e do positivismo, como se viu: 1. tende a conceber o progresso como uma lei da história (Condorcet, Saint-Simon, Comte); 2. tende a identificar o progresso da ciência e da técnica com o progresso moral e político e a fazer o segundo depender do primeiro; 3. tende enfim a ver na *luta* a capacidade de provocar ilimitados melhoramentos e a interpretá-la como um elemento constitutivo do progresso (Spencer, darwinismo social). Todas essas três afirmações são completamente estranhas ao mundo cultural a que se fez referência até aqui.

Nenhum dos autores aos quais me referi jamais considerou que a libertação do homem pudesse ser confiada à ciência e à técnica enquanto tais.[118] Justamente Bacon — com base numa antiga tradição manualística recolocada depois em moda pelas páginas de Adorno e de Horkheimer e por muitos de seus inúmeros e improvisados adeptos — foi apresentado como o arauto entusiasta da técnica e como o pai espiritual daquele "tecnicismo neutro" contra o qual tomou posição uma larga parte da cultura contemporânea.

É exatamente o contrário que é verdadeiro. Porque não conheço páginas escritas ou publicadas no curso do século XVII que toquem no tema do caráter ambíguo da técnica e possam então ser de algum modo comparadas às que foram escritas pelo Lorde Chanceler na interpretação (que remonta a 1609) do mito de *Daedalus sive mechanicus*. A figura de Dédalo é a de um homem "engenhosíssimo mas execrável"; o seu nome é celebrado sobretudo por "suas ilícitas invenções": a máquina que permitiu a Pasifae copular com um touro e gerar o Minotauro devorador de jovens; o Labirinto excogitado para esconder o Minotauro e para "proteger o mal com o mal", obra "insigne e notável pela técnica" mas "destinada a um fim nefando". Do mito de Dédalo extraem-se algumas conclusões de caráter geral relativas ao "uso das artes mecânicas" que geram muitos tesouros "para o serviço da religião, para o ornamento da vida civil, para o melhoramento de toda a existência". Dessa mesma fonte, todavia, "derivam instrumentos de vício e de morte ... os mais potentes tóxicos, as máquinas bélicas e pestes de tal monta ... que superam por crueldade e periculosidade o próprio Minotauro". Bacon não se limita a apontar para o problema dos usos da técnica, a apresentá-la como instrumento de libertação e de destruição ao mesmo tempo. Percebe também o fato de que a técnica, enquanto se coloca como possível produtora do "negativo", oferece simultânea e conjuntamente a esse negativo a possibilidade de um diagnóstico do mal e de um remédio para o mal. Para não se tornar conhecido apenas por causa de artes maldosas, Dédalo construiu de fato "não só instrumentos mas também remédios para os crimes". Foi também autor do engenhoso expediente do fio capaz de descobrir os meandros do Labirinto: "Aquele que idealizou os meandros do labirinto mostrou também a necessidade de um fio. As artes mecânicas são de fato de uso ambíguo e podem produzir o mal e simultaneamente oferecer o remédio".[119] Como escreveu John Maddox em *The Doomsday Syndrome* (1973), "as calamidades às quais os ecologistas dedicam atenção foram reconhecidas *apenas* por causa do conhecimento que a ciência trouxe. Quem se preocuparia com o DDT se não fosse pela invenção de refinadas técnicas de análise química, por exemplo a cromatografia dos gases?".[120]

Para os expoentes da revolução científica, a restauração do poder humano sobre a natureza e o avanço do saber só têm valor se realizados num contexto mais amplo que concerne à religião, à moral, à política. A "teocracia universal" de Campanella, a "caridade" de Bacon, o "cristianismo universal" de Leibniz, a "paz" e a "harmonia" de Comênio não são separáveis dos seus interesses e dos seus entusiasmos pela nova ciência: constituem vários âmbitos dentro dos quais o saber científico e técnico deve operar para funcionar como instrumento de resgate e de libertação. Para Bacon e para Boyle, como para Galileu, Kepler, Leibniz e Newton, enfim, a vontade humana e o desejo de poder não constituem o princípio mais alto. A natureza é — simultaneamente — objeto de domínio e objeto de reverência.[121] Ela deve ser "torturada" e "dobrada a serviço do homem", mas ela é também o "Livro de Deus", que deve ser lido com espírito de humildade, como expressão do seu poder e manifestação da sua presença. Projetar — como foi feito várias vezes — a nossa imagem do progresso sobre os chamados pais fundadores da ciência moderna pode levar a resultados realmente discutíveis e de certo modo muito parciais.

Notas

1 Paolo Rossi. *I Filosofi e le macchine: 1400-1700*. Milano: Feltrinelli, 1962 e 1971, 1974. [Ed. bras. *Os filósofos e as máquinas*. Trad. Federico Carotti. São Paulo: Companhia das Letras, 1989].
2 A. Ramelli. *Le diverse et artificiose macchine*. Paris, 1588, "Prefácio".
3 A. Dürer. *Vier Bücher von menschlicher Proportion*. Nürnberg, 1528, "Dedicatória".
4 A. Paré. *Oeuvres*. Paris: J.-B. Baillière, 1840, v.I, p.12-4.
5 H. Levin. *The Myth of Golden Age in the Renaissance*. London: Faber, 1969, p.9.
6 Cf. F. Bacone. *Scritti filosofici*. Paolo Rossi (Org.). Torino: Utet, 1975, p.365, 367, 521, 397; R. Cartesio. *Opere*. E. Garin (Org.). Bari: Laterza, 1967, v.I, p.133-4.
7 Comenio, *Opere*. M. Fattori (Org.). Torino. Utet, 1974, p.119, 127.
8 Cf. R. Lenoble, *Mersenne ou la naissance du mécanisme*, Paris, Urin, 1943, p.342.
9 Cf. R. Pintard. *Le libertinage érudit*. Paris: Boivin, 1943, p.472.
10 Cf. H. Haydn. *The Counter-Renaissance*. New York: Scribner, 1950, p.529-31 (trad. it. Bologna: Il Mulino, 1967). Sobre este tema: D. C. Allen. The Degeneration of Man and Renaissance Pessimism. *Studies in Philology*, v.XXXV, p.202-27; 1938. A. Williams. A Note on Pessimism in the Renaissance, *Studies in Philology*, XXXVI, p.243-6, 1939. G. Williamson. Mutability, Decay and Seventeenth Century Melancholy. *ELH*, v.II, p.121-50. 1935. W. Philipp. Das Werden der Aufklärung in theologiesgeschichtlicher Sicht. Göttingen: Vandenhoeck und Ruprecht, 1957, p.78-86 *(Komischer Nihilismus und nihilisticher Kosmos im 17 Jahrundert)*. Sobre a incidência cultural das metáforas extraídas da cosmologia copernicana cf. H. Blumenberg. *Paradigmi per una metaforologia*. Bologna: Il Mulino, 1969, p.137-58.

11 G. Lipsio. *De Constantia libri duo*, Antverpiae, ex Officina Plantiniana, apud I. Moretum, 1615, p.26-7, I, 16.
12 J. Donne. *Anatomy of the World, First Anniversary*. Ed. Nonesuch Press, p.202 (trad. it. Milano: Mondadori, 1994).
13 J. Kepler. *Dissertatio cum Nuncio Sidereo*. E. Pasoli e G. Tabarroni (Org.). Torino: Bottega d'Erasmo, 1972, p.67.
14 J. Kepler. De Stella Nova. In: *Opera*, II, p.688.
15 P. Borel. *Discours nouvea prouvant la pluralité des mondes*. Genève, 1657, p.3.
16 C. Hill. *Intellectual Origins of the English Revolution*. Oxford, 1965, p.202-3, (trad. it. *Le origini della rivoluzione inglese*. Bologna: Il Mulino, 1976).
17 Cf. A. L. Morton. *The English Utopia*. London: Lawrence & Wishart, 1952, p.67-8; J. Mede. *The apostasy of the Later Time*. London, 1641 (Prefácio de W. Twisse); U. Grozio. *Epistolae*. Amsterdam, 1687, p.895.
18 Th. Burnet. *Sacred theory of the Earth*. London: R. Norton, for W. Kettilby, 1689, *Dedicatoru Epistle*, e p.240-2. Sobre este assunto: M. C. Jacob, W. A. Lookwood. Political Millenarism and Burnet's Sacred Theory. *Science Studies*, v.II, p.265-79. A literatura sobre o milenarismo enriqueceu-se de muitos e importantes estudos depois da publicação do estimulante, mas discutível livro de N. Cohn. *The Pursuit of the Millenium*. London, 1962 (trad. it. Milano: Edizioni di Comunità, 1976). Entre as contribuições mais significativas: L. Trengove: Newton and the Cyclical Cosmos, Providence and Mechanical Philosophy. *Journal of the History of Ideas*, v.28, p.235-346, 1967; F. Manuel. *The religion of I. Newton*. Oxford: Clarendon Press, 1974 (que discutem as teses milenaristas presentes nos escritos particulares e nos resumos das conversações de Newton); J. G. A. Pocock. Time, History and Eschatology in the Thought of Thomas Hobbes. In: J. H. Helliott, H. G. Koenigsberger (Org.) *The Diversity of History*. London, 1970; Ch. Hill. *The Antichrist in the Seventeenth Century England*, London, 1971; B. Capp. The Millenium and Eschatology in England, *Past and Present*, v.57, p.156-72, 1972; M. C. Jacob, Millenarism and Science in the Late Seventeenth Century. *JHI*, v.37, p.335--41, 1976; *The Newtonians and the English Revolutions: 1689-1720*. Hassocks: The Harvester Press, 1976 (trad. it. Milano: Feltrinelli, 1980). Para uma atualização desta bibliografia um tanto envelhecida deve-se ver a lúcida e acurada resenha de A. Bettini. Prospettive storiografiche sul millenarismo. *Rivista di Filosofia*, v.87, p.279-300, 1992.
19 Th. Burnet, *Sacred Theory* (ed. 1726), v.I, p.74-5; v.II, p.159.
20 H. Power. *Experimental Philosophy in three Books*. London, 1664, p.192.

21 F. Bacone, *Scritti filosofici,* op. cit., p.396, 607.
22 T. Campanella. *Città del Sole.* N. Bobbio (Org.), Torino: Einaudi, 1941, p.109. [Ed. bras. *A cidade do sol.* 3.ed. Trad. Helda Barraro, Nestor Deola, Aristides Lobo. São Paulo: Abril Cultural, 1983].
23 R. Hooke. *Micrographia.* London: J. Martyn and J. Allestry, 1665, p.178.
24 J. Dryden, *Works.* London, 1892, XV, p.293.
25 Cf. G. Valletta. *Lettera in difesa della moderna filosofia.* Rovereto, na tipografia de P. Berno, 1732, "Prefácio". Sobre o tema de uma nova natureza: I. B. Cohen. La découverte de nouveau monde et la transformation de l'idée de nature, no volume *L'expérience scientifique au XVI siècle,* Paris, 1960, p.189-210.
26 L. Le Roy. *De la vicissitude ou variété des choses en l'univers.* Paris: L'Huilier, 1575, p.7.
27 G. Hakewill. *An Apologie or Declaration of the Power and Providence of God in the Government of the World.* London, 1635, p.323 e "Preface" (1. ed. 1627).
28 T. Campanella. *Poesie.* Bari: Laterza, 1915, p.86.
29 L. Le Roy. *Considérations sur l'histoire universelle.* Paris, 1657, p.8-9.
30 F. Bacon. *Works.* R. L. Ellis, J. Spedding, D. D. Heath (Org.). London, 1887-1892, III, p.376; *Scritti filosofici,* op. cit. p.390, 392, 635-6.
31 R. Descartes. *Oeuvres.* C. Adam, P. Tannery (Org.). Paris: Le Cerf, 1897-1909. VI. p.81.
32 F. Bacon, *Works,* op. cit., I, p.282; *Scritti filosofici,* op. cit., p.128.
33 J. Wilkins. *The Discovery of a New World in the Moone.* London: Printed for J. Maynard, 1640, p.203-4.
34 F. Bacon, *Works, op. cit.,* III, p.535; cf. F. Bacone, *Scritti filosofici, op. cit.,* p.116.
35 P. Severinus (Soerensen). *Idea Medicine philosophicae.* Basel, 1571, p.39.
36 R. Boyle. *Works.* (Ed. Birch), London: A. Millar, 1744, III, p.444.
37 F. Bacone, *Scritti filosofici,* op. cit., p.417, 524.
38 H. Baron. *The Querelle of the Ancient and Modern as a Problem for Renaissance Scholarship,* no volume P. O. Kristeller, Ph. Wiener (Org.). *Renaissance Essays,* New York: Harper, 1968, p.95-114. Cf. J. Bury. *The Idea of Progress.* An Inquiry into his Origins and Growth. London, 1932 (trad. it. Milano, Feltrinelli, 1964); R. Foster Jones, *Ancients and Moderns,* A study of the Rise of Scientific Movement in the Seventeenth Century England. Berkeley, Los Angeles, 1965 (1. ed. 1961), trad. it. Bologna, Il Mulino, 1980. Sobre a polêmica anti--humanística na cultura seiscentista, cf. G. Preti. *Retorica e logica,* Torino: Einaudi, 1968, p.61-144.
39 H. Baron, *The Querelle,* op. cit., p.104-6, 107.
40 E. Garin. *La cultura del Rinascimento.* Bari: Laterza, 1967, p.45-59.

41 H. Baron, *The Querelle,* op. cit., p.106-7.
42 R. Cartesio, *Opere,* op. cit., I, p.135.
43 F. Bacone, *Scritti filosofici,* op. cit., p.410-1, 421, 422-3.
44 R. Cartesio, *Opere,* op. cit., II, p.16.
45 F. Bacon, *Works,* op. cit., I, p.640-1.
46 G. Galilei, *Opere* (ed. Favaro), VII, p.138.
47 F. Bacone, *Scritti filosofici,* op. cit., p.407.
48 Cf. E. Jeauneau. *Nani sulle spalle dei giganti.* Napoli: Guida, 1969, p.47. Cf. também o apêndice a R. H. Murray. *Erasmus und Luther.* London: Society for promoting Christian Knowledge, 1920.
49 B. Pascal. *Opuscoli e scritti vari.* G. Preti (Org.). Bari: Laterza, 1959, p.3.
50 F. Bacone. *Scritti filosofici,* op. cit., p.417.
51 B. Pascal, *Opuscoli,* op. cit., p.7-8, 9-11.
52 G. Galilei, *Opere,* op. cit., VII, p.139.
53 R. Cartesio, *Opere,* op. cit., p.23; Carta a Hogeland, 8 de fevereiro de 1640, *in Oeuvres, supplément,* p.2-3.
54 N. Malebranche, *Oeuvres complètes* (Vrin), II, p.62-3.
55 B. Spinoza. *Trattato teologico politico.* E. Boscherini Giancotti (Org.). Torino: Einaudi, 1972, p.201. [Ed. bras. *Tratado teológico-político.* Trad., introd. e notas de Diogo Pires Aurélio. Lisboa: Imprensa Nacional, 1988. (Estudos Gerais)].
56 G. G. Leibniz. *Schöpferische Vernunft.* Marburg, 1956, p.251.
57 B. Pascal, *Opuscoli,* op. cit., p.3-11.
58 G. Galilei, *Opere,* op. cit., VI, p.366-7.
59 Vejam-se, entre outros: R. Mondolfo. *Figure e idee della filosofia del Rinascimento.* Firenze: La Nuova Italia, 1955, p.233-55 [Ed. bras. *Figuras e ideias da filosofia da renascença.* Trad. Lycurco Gomes da Motta. São Paulo: Mestre Jou, 1967]; A. Buck. Aus der Vorgeschichteder der Querelle des anciens et des modernes in Mittelalter und Renaissance. In: *Bibliothèque d'Humanisme et Renaissance,* set. 1958; várias indicações em Jeauneau, *Nani sulle spalle dei giganti,* op. cit., p.33. Uma resenha quase completa das fontes em R. K. Merton. *Sulle spalle dei giganti.* Bologna: Il Mulino, 1991.
60 A. Baillet, *Vie de Descartes.* In: Descartes, *Oeuvres,* op. cit., X, p.204.
61 M. Mersenne, *Recherche de la Vérité,* II, 2, 3.
62 Comênio, *Opere,* op. cit., p.491.
63 Leonardo da Capua. *Parere sull'origine, progresso e incertezza della medicina.* Napoli, por Antonio Bulifon, 1681, p.67.
64 B. Pascal, *Opuscoli,* op. cit., p.7-9. O *Prefácio para o Tratado do vácuo* permanecerá inédito até 1779.
65 B. de Fontenelle. Digressione sugli antichi e sui moderni. In: M. T. Marcialis. *La disputa sei-setecentesca sugli antichi e sui moderni.* Milano: Principato, 1970, p.111.

66 Cf. E. Garin. *Medioevo e Rinascimento*. Bari: Laterza, 1954 [Ed. bras. *Idade Média e Renascimento*. Trad. Isabel Teresa Santos e Hossein Seddighzadeh Shooja. Lisboa: Editorial Estampa, 1994. (Nova História, 11)]; W. Pagel, *William Harvey's Biological Ideas*. Basel, New York: Karger, 1967 (trad. it. Milano: Feltrinelli, 1979); D. P. Walker. *Spiritual and Demonic Magic from Ficino to Campanella*. London: Warburg Institute, 1958; *The ancient Theology*, London: Duckworth, 1972; F. A. Yates. *Giordano Bruno e la tradizione ermetica*. Bari: Laterza, 1969 [Ed. bras. *Giordano Bruno e a tradição hermética*. Trad. Yolanda Steidel de Toledo. São Paulo: Cultrix, 1987]; A. Debus. *The English Paracelsians*. London: Oldbourne, 1965. Cf. também: P. J. French, *John Dee:* the World of an Elisabethan Magus. London: Routledge and Kegan Paul, 1972, e a antologia organizada por C. Vasoli. *Magia e scienza nella civiltà umanistica*. Bologna: Il Mulino, 1976.

67 F. A. Yates, *Giordano Bruno*, op. cit., p.13.

68 Ibidem, p.13, 31, 182.

69 D. P. Walker, *The Ancient Theology*, op. cit., p.130.

70 Ch. B. Schmitt, *Prisca Theologia e Philosophia Perennis:* due temi del Rinascimento italiano e la loro fortuna, in Atti del Convegno Internazionale del Centro studi Umanistici. Firenze: Olschki, 1970, p.211-236.

71 F. A. Yates, *Giordano Bruno*, op. cit., p.60; cf. Th. Keith, *Religion and the decline of magic*, London, 1971; W. Shumaker. *The Occult Science in the Renaissance*. Berkeley, Los Angeles: University of California Press, 1972.

72 M. Ficino. De amore. In: R. Marcel. *Commentaire sur le Banquet*. Paris: Belles lettres, 1955, p.164-5. Sobre estes temas: P. Zambelli, *Platone, Ficino e la magia*, no volume *Studia Humanitatis, Festschrift E. Grassi,* München: Fink, 1973, p.121-42; P. M. Rattansi. Some Evaluations of Reason in Sixteenth and Seventeenth Century Natural Philosophy. In: M. Teich, R. Young (Org.). *Changing Perspectives in the History of Science*. London: Heinemann, 1973, p.148-66.

73 R. Fludd. *Mosaical Philosophy*. London: Printed for Humphrey Moseley, 1659, p.41-2.

74 Cf. H. Baron, *The Querelle,* op. cit., H. Weisinger. Ideas of History During rhe Renaissance. In: P. Kristeller, H. Wiener (Org.). *Renaissance Essay,* op. cit., p.74-94.

75 Cf. E. Garin, *Medioevo e Rinascimento,* op. cit., p.121.

76 C. Crisciani, *Experientia e linguaggio nella tradizione alchemica, in Atti del XXIV Congresso Naz. di Filosofia,* Roma, S. F. I., 1974, II, p.358. Cf. também The Conception of Alchemy as expressed in the Pretiosa Margarita Novella of Petrus Bonus of Ferrara. *Ambix,* v.XX, p.165-81, 1973.

77 Pietro Bono da Ferrara. *Introductio in artem chemiae.* Montisbelligardi, 1602, p.123.
78 C. Crisciani, *Experientia e linguaggio,* op. cit., p.361-2.
79 F. S. Taylor. *A Survey of Greek Alchemy.* New York, 1949, p.110.
80 Pietro Bono, *Introductio,* op. cit., p.132; Th. Vaughan. Magia Adamica. In: A. E. Waite (Org.). *The Magical Writings of Thomas Vaughan.* London: G. Redway, 1888, p.103.
81 F. Bacone, *Scritti filosofici,* op. cit., p.253, 367.
82 H. C. Agrippa, *De occulta philosophia.* In: *Opera,* Lugduni, s. d., I, p.498.
83 F. Bacone, *Scritti filosofici,* op. cit., p.366.
84 H. C. Agrippa, *Opera,* op. cit., II, p.904.
85 W. Gilbert. *De Magnete.* P. Fleury Mottelay (Org.). New York: Dover Publications, 1958, "Prefácio".
86 Cf. R. Boyle, *Il chemico scettico.* M. Borella (Org.). Torino: Boringhieri, 1962, p.18, 198; cf. Bacone, *Scritti filosofici,* op. cit., p.112. Sobre a posição de Boyle: M. C. Jacob. The Ideological Origins of R. Boyle's natural Philosophy. *Journal of European Studies,* v.2, p.1-21, 1971.
87 H. G. Agricola. *De l'arte dei metalli.* Basel, 1563?, p.4-5; G. Galilei, *Opere,* op. cit., VII, p.135.
88 M. Mersenne. *La vérité des sciences.* Paris: T. du Bray, 1625, p.105; F. Bacon, *Works,* op. cit., III, p.736.
89 Carta a Huygens, março de 1638. In: *Oeuvres,* Paris: Gallimard, p.786; G. C. Leibniz. *Textes inédits.* Paris: Presses universitaires, 1945, p.578.
90 Comenio, *Opere,* op. cit., p.491.
91 Th. Sprat. *The History of the Royal Society of London for the improving of Natural Knowledge.* London: J. Martyn, 1667, p.62-3.
92 F. Greville. *Works in Prose and Verse.* A. B. Grosart (Org.). s. l., 1870, I, p.5-6.
93 J. Bodin. *Oeuvres philosophiques.* Paris: Presses universitaires, 1951, p.226. Sobre o mito do Paraíso cf. F. E. e F. P. Manuel. Abbozzo di una storia naturale del Paradiso. *Comunità,* v.173, p.160-210, 1974.
94 G. Bruno. *Opere.* Bari: Laterza, 1927, II, p.152; *Letter-Book of G. Harvey A. D. 1573-1580.* E. J. L. Scott (Org.). London: Nichols, 1884, p.85-6.
95 J. Hall. *An Humble Motion to the Parliament of England Concerning the Advancement of Learning and Reformation of Universities* (1649), A. K. Croston (Org.). Liverpool: University Press, 1953, p.6. É reproduzida a tradução contida no volume *I Puritani.* U. Bonanate (Org.). Torino: Einaudi, 1975, p.242. Para as passagens de Bacon e Hobbes anteriormente citadas, cf. Bacon, *Scritti filosofici,* op. cit., p.448; Hobbes, *Leviathan,* I, 13.

96 J. Ray. *The Wisdom of God manifested in the Works of the Creation.* London: Printed for S. Smith and B. Walford, 1701 (1.ed. 1661), "Preface".

97 J. Ray. *Three Physico-Theological Discourses.* London: W. Innys, 1713, p.149.

98 R. Hooks. *Postumous Works.* London: Printed for S. Smith and B. Walford, 1750, p.327 (o texto citado é de 1668).

99 G. G. Leibniz. *Protogaea*, Göttingae, 1749, par. 18, p.30-1. [Ed. bras. *A "Progogea": uma teoria sobre a evolução da terra e a origem dos fósseis*. Trad. Nelson Papavero, Dante Martins Teixeira e Maurício de Carvalho Ramos; pela primeira vez traduzida do latim para o português com notas e comentários. São Paulo: Plêiade, Fapesp, 1997].

100 G. G. Leibniz. *Essais de Theodicée*. Amsterdam: F. Changuion, 1734, par. 244, p.131.

101 Th. Burnet, *Telluris Theoria Sacra.* London: Typis R. N. Impensis G. Kettilby, 1681, p.83.

102 G. G. Leibniz, *Epistola ad autorem dissertationis de animalium.* In: Miscellanea Beroliniensia, 1710, I, p.111.

103 Buffon. *Epoche della natura* (1778). M. Renzoni (Org.). Torino: Boringhieri, 1960, p.15.

104 R. Hooke, *Postumous Works,* op. cit., p.321, 427. Sobre a cronologia: B. Krusch. *Studien zur cristlich-mittelalterlichen Chronologie.* Berlin, 1938. Sobre os pressupostos de caráter metafísico-teológico comuns às ciências da terra e da vida, cf. R. Hooykaas. *The Principle of Uniformity in Geology, Biology and Theology.* Leiden: Brill, 1963. Muitos outros materiais são utilizados em P. Rossi. *I segni del tempo, storia dela Terra e storia delle nazioni da Hooke a Vico.* Milano: Feltrinelli, 1979.

105 J. Woodward. *An Essay towards a Natural History of the Earth and Terrestrial Bodies.* London: Printed for R. Wilkin, 1695, p.57.

106 J. Woodward, *Remarks upon the Ancient and Present State of London, occasioned by some Roman Urns, Coins and other Antiquities, lately discovered.* London: Printed for A. Bettesworth and W., 1723, p.32.

107 S. Suckford. *The Sacred and Profane History of the World Connected.* London: 1731-1737, I, p.239 (1.ed. 1728).

108 G. B. Vico, *Scienza Nuova Prima,* 27. In: *Opere* (ed. Flora), p.773. [Ed. bras. *Princípios de (uma) ciência nova: acerca da natureza comum das nações.* 3.ed. Trad. Antonio Lázaro de Almeida Prado. São Paulo: Abril Cultural, 1984. (Os pensadores, 20)].

109 W. Wartburton. *Essai sur les hiéroglyphes des Egyptiens.* Paris: H. L. Guerin, 1774, p.195.

110 Sobre estes temas: F. Manuel. *The Eigthteenth Century confronts the Gods.* Cambridge (Mass.): Harvard University Press, 1959 e P. Rossi. *Le sterminate antichità:* studi vichiani. Pisa: Nistri Lischi, 1969, p.81-164.

111 F. Manuel, *The Eighteenth Century,* op. cit., p.141.

112 G. G. Leibniz, *Protogaea,* op. cit., par. 41, p.74.Sobre estes temas: E. G. R. Taylor. The English Wordmakers of the Seventeenth Century and their Influence on the Earth Sciences. *Geographical Review,* v.XXXVIII, p.104-12, 1948. K. B. Collier. *Cosmogonies of Our Fathers.* New York: Columbia University Press, 1934; Ch. G. Gillispie. *Genesis and Geology.* Cambridge (Mass.): Harvard University Press, 1951; H. Meyer. *The Age of the World.* A Chapter in the History of Enlightenment. Allentown (Pa.): Muhlenberg College, 1951; C. Schneer. The Rise of Historical Geology in the Seventeenth Century. *Isis,* v.XLV, p.156-68, 1954. G. Scherz. *Wom Wege Niels Stensen.* Beitrage zur seiner naturwis-senschaftlichen Entwicklung. Copenhagen: Munksgaard, 1956; W. F. Cannon. The Uniformitarian-Catastrophist Debate. *Isis,* v.LI, p.38-55, 1960. F. C. Haber. *The Age of the World:* Moses to Darwin. Baltimore: The Johns Hopkins Press, 1966; G. Solinas. *La Protogaea di Leibniz ai margini della rivoluzione scientifica.* Cagliari: Pubblicazioni dell'Istituto di Filosofia della Facoltà di Lettere e Filosofia dell'Università, 1973.

113 A. J. R. Turgot. *Tableau Philosophique* (ed. Schelle), p.215. Agora em tradução italiana em C. Signorile. *Il progresso e la storia in A. J. R. Turgot.* Padova: Marsilio, 1974, p.169. Sobre o conceito setecentista de progresso: L. Whitney. *Primitivism and the Idea of Progress in English Popular Litterature of the Eithteenth Century.* Baltimore: The Johns Hopkins Press, 1934; Ch. Frankel. *The Faith of Reason:* The Idea *of Progress in the French Enlightenment.* New York: King's Crown Press, 1948; R.V. Sampson. *Progress in the Age of Reason; the Seventeenth Century to the Present Day.* London: Heineman, 1956; A. Cento, *Condorcet e l'idea di progresso.* Firenze: Parenti, 1956; J. Faure Solet. *Economie politique et progrès au siècle des lumières.* Paris, 1964. É importante o ensaio de P. Casini. Gli enciclopedisti e le antinomie del progresso. *Rivista di filosofia,* v.2, p.236-56, 1975.

114 A. Sormani. La nuova religione dell'evoluzionismo. *Rivista di filosofia scientifica,* v.VIII, p.513-40, 1889 [p.515]. Para a civilização como parte da natureza e não como construção artificial cf. H. Spencer. *Social Statics.* New York: D. Appleton and company, 1883, p.80. Sobre o conceito oitocentista de progresso: R. Hofstadter. *Social Darwinism in American Thought.* Philadelphia: University of Pensilvania Press, 1945; F. Manuel. *The Profets of Paris.* Cambridge (Mass.): Harvard University Press, 1962 (trad. it. Bologna: Il Mulino, 1979); *Shapes of Philosophical History.* Stanford: Stanford University Press, 1965; M. Harris. *The Rise of Antropological Theory:* A History of Theories of Culture. New York, 1969 (trad. it. *L'evoluzione del pensiero antropologico,* Bologna: Il Mulino 1971); R. Young. The

Historiographic and Ideological Contexts of the Nineteenth--Century Debate on Man's Place in Nature, In: Teich, Young. *Changing Perspectives*, p.344-438; R. Williams. Social Darwinism. In: J. Bentall (Org.). *The Limits of Human Nature*. London: 1973, p.114-30.

115 R. Cobden, cit. em B. Russell. *Storia delle idee nel secolo XIX*. Milano: Mondadori, 1961, p.200.

116 O trabalho mais notável sobre o assunto é no momento G. Sasso, *Tramonto di un mito: l'idea di progresso fra Ottocento e Novecento*. Bologna: Il Mulino, 1984.

117 H. Keyserling. *Presagi di un mondo nuovo*. Milano: Edizioni di Comunità, 1949.

118 Sobre este ponto concordo com as conclusões de A. R. Hall. *Science, Technology, and Utopia in the Seventeenth Century*. In: P. Mathias (Org.). *Science and Society:* 1600-1800. Cambridge: Cambridge University Press, 1972, p.53: "A excelência técnica não era vista como uma condição suficiente e muito menos necessária para a criação da sociedade ideal e a ciência não era considerada simplesmente como a chave da excelência técnica". Mas não me parece aceitável a rígida separação ciência-técnica teorizada por Hall e a sua polêmica recusa de qualquer conexão entre os desenvolvimentos do saber científico e a ação desenvolvida pelos grupos que convergem para Hartlib, Dury e Comênio. A dureza da reação de Hall parece explicável se relacionada com a excessiva insistência sobre a relação hermetismo--ciência moderna e o destaque dado a Hartlib e a Comênio no ensaio, contido no mesmo volume, de P. M. Rattansi. *The Social Interpretation of Science in the Seventeenth Century*, p.1-32. Muito mais equilibradas são as conclusões do próprio Hall em The Scholar and the Craftsman in the Scientific Revolution. In: M. Claget (Org.) *The critical Problems in the History of Science*. Madison: University of Wisconsin Press, 1959, p.3-23, e em Magic Metaphysic and Mysticism in the Scientific Revolution. In: Righini Bonelli, Shea. *Reason, Experiment and Mysticism,* op. cit., p.275-82.

119 F. Bacone, *Scritti filosofici,* op. cit., p.483.

120 J. Maddox. *The Doomsday Syndrome*. New York: Macmillan, 1972, p.113. Cf. também E. Rabinowitch, Living dangerously in the Age of Science. In: *Bulletin of the Atomic Scientist*, v.28, p.5-8, 1972. Como escreveu um autor não suspeito de simpatias pelo cientismo, "as devastações que o progresso determina devem eventualmente ser de novo reparadas com as próprias forças do progresso, jamais mediante a restauração das condições precedentes, que se tornaram sua vítima" (Th. Adorno. *Parole chiave*. Modelli critici. Milano: Sugar-Co, 1974, p.54).

121 Cf. W. Leiss. *The Domination of Nature*. New York: G. Braziller, 1972, p.34 (trad. it. Milano: Longanesi, 1976). Do mesmo autor cf. também Utopia and Technology; Reflections on the Conquest of Nature, *International Social Science Journal*, v.XXII, p.576-88, 1970. Sobre o tema da visão mecanicista do mundo como "extensão dos processos da manufatura a todo o cosmos" devem ser mencionados o clássico trabalho de F. Borkenau. *Der Ubergang vom feudalen zum burgerlichen Weltbild. Studien zur Geschichte der Philosophie der Manifaktur-period*. Paris: 1934 (trad. it. *La transizione dell'immagine feudale all'immagine borghese del mondo*. Bologna: Il Mulino, 1984), e a respectiva crítica desenvolvida por H. Grossman. Der gesellschaftlichen Grundlagen der mechanistichen Philosophie und die Manifaktur. *Zeitschrift für Sozialforschung* v.IV, p.161-231, 1935. Sobre o tema do domínio permanecem fundamentais as páginas de M. Scheler, *Gesammelte Werke*. Bern, 1960-1963, Band 6-8; cf. trad. it. *Sociologia del sapere*. Roma: Abete, 1966.

3
DE PROGRESSU RERUM COGITATA ET VISA

I

Um dos pais fundadores da filosofia moderna pensava que a filosofia fosse totalmente incapaz de progredir e de gerar: ela era semelhante a uma mulher belíssima na parte superior do corpo mas tendo o ventre circundado de monstros uivantes. Durante dois mil anos não houve crescimento. Essa imobilidade diz respeito só à filosofia. No mundo da técnica as coisas se passam de maneira muito diferente: esse mundo parece invadido por um espírito vital. Nele, verifica-se progresso e passa-se rapidamente de coisas rudes a coisas convenientes e a coisas refinadas. Na tecnologia a passagem da rusticidade ao refinamento é tão veloz que "os interesses e os desejos dos homens vêm a faltar antes mesmo que as artes tenham atingido a perfeição".

Talvez Bacon tenha captado duas verdades: naquele setor que caracteriza o fazer e o intervir com instrumentos ocorrem indiscutíveis melhoramentos. Tão indiscutíveis que não passaria pela cabeça de nenhum filósofo inimigo da tecnologia negar que das primeiras máquinas de escrever aos atuais meios de escrita ou das primeiras calculadoras às atuais verificaram-se relevantes melhoramentos. A segunda verdade (que surpreende mais que a primeira, porque enunciada num contexto que é anterior à revolução industrial) refere-se à grande velocidade dos melhoramentos e à sua incerta relação com os interesses e os desejos.

Parece portanto que nos modos que os seres humanos elaboraram para enfrentar a natureza, para conseguir alimento, para lutar entre si, para ajudar-se mutuamente, para construir instrumentos, para modificar o natural andamento das coisas, para pôr abstáculos às leis da seleção natural, para *intervir no mundo*, verificaram-se melhoramentos relevantes.[1]

II

Attanasius Kircher (na metade do século XVII) pensava que os hieróglifos egípcios fossem imagens ou figuras construídas de modo intencionalmente enigmático, das quais os sacerdotes egípcios se serviram para esconder do público uma sublime e perdida sapiência relativa às coisas últimas. Cada um daqueles estranhos animais ou homens com cabeça de animal era o símbolo de uma verdade teológica ou filosófica ou moral. Era uma espécie de emblema ou (diríamos hoje) um ícone. Essa escrita, já dizia Diodoro de Sicília (III, 4), serve-se de "conceitos pintados", não exprime as noções mediante sílabas mas mediante um significado figurativo. O falcão significa tudo o que acontece rapidamente. Para significar o mundo, disse Della Porta na metade do século XVI, os egípcios pintam uma serpente que morde a própria cauda, indicam Deus com um falcão, o destino com uma estrela, a lua com um cinocéfalo, o coração com Ibis. De Horapollo a Champollion essas afirmações são repetidas inúmeras vezes.

É difícil negar que, após a decifração da Pedra de Roseta e a publicação do *Précis du système hiérogliphique* (1824), de Jean François Champollion, os textos do antigo Egito são lidos com uma alta taxa de confiabilidade e que, como se costuma dizer, foram "verificados progressos" no conhecimento histórico e na arqueologia.

Depois de Tycho Brahe (1588) as esferas sólidas e cristalinas não existem e não são movidas pelos anjos; depois de William Harvey (1628) nas veias e nas artérias circula um único sangue; depois de Franz Güssman (1785) os meteoritos são "pedras" caídas do céu sobre a Terra.

Como sadiamente simplificou certa vez Ernst Gombrich (protestando contra todos aqueles que tinham interpretado *Arte e ilusão: um estudo da psicologia da representação pictórica* como um dos muitos documentos do relativismo contemporâneo), não é possível tratar de história das ideias excluindo-se dela a história dos "erros", mas tampouco se conseguem brilhantes resultados eliminando-se da história a noção de erro e adotando-se um ponto de vista integralmente relativista. Se ainda acreditássemos na existência de feiticeiras e na consequente oportunidade de fazê-las confessar mediante tortura, colocaríamos o *Malleus Maleficarum* ao lado do *De motu cordis* de William Harvey e do *Diálogo* de Galileu. Ser *value-free* não é absolutamente um valor para as *humanities*.

Parece portanto defensável que em relação ao mundo natural e ao mundo histórico se saibam cada vez mais coisas, que também no *conhecimento do mundo* ocorram melhoramentos relevantes.[2]

III

Imre Lakatos pensava que com relação ao conhecimento se devesse falar de crescimento ou *growth*. Descartes, pouco mais de três séculos antes, pensava que era preciso convidar as inteligências a *ir para a frente* de modo que todos juntos possam "ir mais longe do que cada um em particular poderia fazê-lo". Francis Bacon tinha falado em avanço ou *advancement* e, para traduzir o seu texto em latim, tinha usado o termo *augmentum*. Pascal pensava "que toda a série dos homens, no curso de tantos séculos, deve ser considerada como um mesmo homem existindo sempre e aprendendo continuamente".

Avanço, crescimento, aperfeiçoamento, melhoramento, desenvolvimento, ampliação, aumento, extensão, incremento são frequentemente indicados nos dicionários e usados pelos falantes como sinônimos do termo "progresso". Parece difícil considerar que os filósofos escolham as palavras totalmente ao acaso. Parece igualmente discutível considerar que todas as afirmações relativas a um crescimento ou avanço no fazer e no conhecer encontrem sua realização na ideia oitocentista de progresso. Afirmar que o pensamento das origens da modernidade encontra sua realização naquilo que foi pensado mais tarde por acaso não quer dizer que se admite a *mitologia* do progresso, segundo a qual a história procede por sucessivas *superações*?[3]

IV

O marquês de Condorcet pensava num quadro histórico dos *progressos* do espírito humano. Immanuel Kant, numa história "em constante progresso para o melhor". Nela, "simples indivíduos e povos inteiros não dão atenção ao fato de que, embora perseguindo seus objetivos particulares, cada um a seu modo e frequentemente em contraste com os outros, na realidade procedem sem perceber segundo o fio condutor de um desígnio da natureza e promovem aquele *avanço* que eles próprios ignoram e ao qual, mesmo que o conhecessem, não dariam grande importância".

Os discursos sobre o *crescimento* e sobre os *avanços* vão se articulando, no fim do século XVIII, na forma de uma doutrina ou *teoria* do progresso. Segundo essa doutrina ou teoria: 1. a história é uma unidade regulada por leis que determinam os fenômenos individuais nas suas relações recíprocas e nas suas relações com a totalidade; 2. o progresso configura-se como uma lei da história; 3. o aumento da capacidade de intervir sobre o mundo e da capacidade de conhecer o mundo é identificado com o progresso moral e político; 4. este é posto numa relação de dependência com aquele aumento; 5. a *luta* (como ocorre em Spencer e no darwinismo social) é interpretada como elemento constitutivo ou como *mola* do progresso.

Jamais conheci um autor, situado entre a época de Bacon e a de Newton, no qual essas cinco teses estivessem presentes. Nenhum dos autores que mencionei acima jamais considerou que os avanços do gênero humano pudessem configurar-se como um processo necessário, nem jamais considerou que o progresso fosse uma lei da história.

Parece possível afirmar portanto que entre a ideia moderna de crescimento ou de avanço na tecnologia e no saber e a ideologia setecentista e oitocentista do progresso ocorrem diferenças muito relevantes.[4]

V

Etienne Le Roy, Jean Bodin, Giordano Bruno, mais tarde Giambattista Vico, de maneira diversa, pensavam numa história constituída por persistentes mas transitórios retornos de ciclos de civilização. Pensavam no crescimento do saber (e do fazer ou intervir) como algo de provisório que a história futura pode continuamente eliminar e desmentir.

Bacon – que costuma ser apresentado nos manuais como o arauto do progresso tecnológico e o apóstolo entusiasta, mas um tanto despreparado, da civilização industrial – pensava que em 2.500 anos de história dificilmente se poderiam destacar cinco séculos favoráveis e frutuosos para as ciências e que o resto da história do mundo era todo cheio de guerras e, no que diz respeito ao saber, exatamente igual a um deserto.

Pensava também que as obras da sapiência são sempre fechadas dentro de períodos particulares: "Ocorre de fato que a um momentâneo florescimento dos reinos e dos Estados sigam-se perturbações, sedições e guerras; nos estrépitos das quais calam primeiramente as leis enquanto os homens retornam às congênitas depravações e vê-se a desolação nos campos e nas cidades. Não muito tempo depois, se tais furores forem contínuos, até as letras e a filosofia serão certamente feitas em pedaços; de tal modo que seus fragmentos irão ser encontrados apenas em uns poucos lugares, como as tábuas de um naufrágio, sobrevindo os tempos da barbárie (quando as águas do Hélicon submergem sob a terra)".

Trata-se de ver se, no presente, existem razões de esperança. Não se trata de entregar-se aos "ventos leves da esperança", mas de examinar a situação em que se vive. Para examinar o problema de modo não ingênuo é oportuno "fazer uso daquela sabedoria política que desconfia por princípio e prevê sempre o pior nas coisas humanas". Segundo Bacon, existem em sua época 21 razões que nos autorizam a alimentar "razoáveis esperanças" num difícil e incerto futuro. Mas o que torna razoáveis as esperanças são apenas *conjeturas*; elas não são garantidas por nenhuma fé no caminho da história, são semelhantes às razões aduzidas por Cristóvão Colombo antes da sua grande viagem.

Parece portanto razoável afirmar que as razões de esperança assemelham-se àquelas que habitam na alma de quem se prepara, com frágeis caravelas, para uma viagem aventurosa. Posteriormente, quando vêm a ser qualificadas, são definidas da seguinte maneira: são as razões "que devem preservar-nos do desespero".[5]

VI

Os pós-modernos pensam que a *modernidade* pode caracterizar-se como a época da autolegitimação do saber científico e da plena e total coincidência entre verdade e autoemancipação. Pensam também a modernidade como a época do tempo linear caracterizada pela "superação". Pensam ainda que o moderno é a época de uma razão forte dominada pela ideia de um desenvolvimento histórico do pensamento como incessante e progressiva iluminação.

Pensando essas coisas, pensaram mal. Afirmaram coisas banais que, com a aparência de atuais, parecem profundas aos pobres de espírito. Não leram os modernos, mas os manuais que falam deles. Com base nessa leitura, atribuíram ao passado e projetaram para o futuro (até fazê-la coincidir com toda a modernidade) aquela "comtiana" ideologia oitocentista do progresso que por um breve período apenas, "entre o declinante século XIX e os inícios do XX", e libertada dos muitos problemas, das fortes ambivalências, de todas as suas complições internas, tornou-se "a crença média da intelectualidade europeia e das classes dirigentes".

Pareceu a Richard Rorty que a heideggeriana História do Ser foi escrita através dos comentários aos textos arrolados nos exames de doutorado em filosofia das universidades alemãs do início do século. Agora, "pode-se começar a julgar suspeito o fato de que o Ser adira tão estreitamente ao elenco". No que diz respeito aos heideggerianos, parece pelo contrário que a Grande História Atual do Destino do Ocidente foi traçada escrevendo comentários a um manual de história da filosofia para os exames de fim de curso secundário. Num plano mais baixo, nasce a mesma suspeita.[6]

VII

Um dos mais inteligentes e originais sociólogos do nosso tempo pensa que entre modernidade e igualdade há coincidência, que a igualdade é a ideia constitutiva da modernidade, constitui a sua ideologia, é, de certo modo, sua "essência progressiva". Num seminário desenvolvido em setembro de 1994, ele ficou meio atônito diante de quem afirmava que a distinção atual entre *homo hieraticus* e *homo aequalis* deve ser interpretada mais como uma indicação de valor e uma escolha entre valores do que como a descrição de uma incontroversa direção presente na história moderna. Também ficou um tanto incerto diante da afirmação da ininterrupta persistência, na modernidade, de uma teoria e de uma contraideologia da desigualdade entre os homens. O preconceito da univocidade ou da essência do moderno opera com tanta profundidade, até nas mentes mais lúcidas, que diante do nome de Nietzsche aquele sociólogo afirmou sua excepcionalidade e sua *unicidade*.

Parece que nunca se insiste o bastante sobre a complexidade e a ambivalência dos termos referentes às grandes *épocas* históricas, sobre a esterilidade dos modelos baseados nas grandes alternativas, sobre a insuficiência e parcialidade do pensar por dicotomias: "Não é absolutamente verdade (ou em todo caso não é absolutamente óbvio) que existam *a priori* históricos e que cada época seja caracterizada por um paradigma dominante. Não é verdade que, assim como cada homem tem um só rosto, então cada época deve ter também sua própria e inconfundível face, sua específica *episteme*. O diálogo crítico entre teorias, tradições, metafísicas, ideologias, imagens da ciência, métodos de pesquisa sempre foi e ainda é contínuo, insistente, real. Até nas épocas que foram polemicamente aplanadas numa única dimensão – da obscuridade e da supersticiosa barbárie – como ocorre com a Idade Média. Não existem épocas nem períodos monoparadigmáticos ... Por que afinal considerar as alternativas, os conflitos, os diferentes níveis, a coexistência numa mesma cultura de coisas extremamente distantes entre si como algo de patológico, e não como a expressão de uma normal fisiologia das ideias? Não é exatamente isso que caracteriza o que ocorreu nos anos passados, está ocorrendo agora, e ocorrerá nos próximos decênios?".[7]

VIII

Em 1734, Voltaire pensava que para os homens valia o mesmo princípio que para as plantas, "ou seja, que as pereiras, os pinheiros, os carvalhos, os abricoteiros não derivam da mesma planta e que os brancos barbudos, os negros com sua lã, os amarelos com suas crinas e os homens sem barba não descendem do mesmo homem". Daí ele tirava a convicção de que "se a inteligência dos negros não é de outra espécie em relação ao nosso intelecto, é porém muito inferior". Em 1753, David Hume acrescentava uma nota à sua edição dos *Ensaios*: "Propendo a considerar que os negros e em geral todas as outras espécies de homens (de fato existem quatro ou cinco espécies diferentes) são naturalmente inferiores aos brancos. Jamais existiu uma nação civilizada que não tenha sido de raça branca, e tampouco existiu qualquer indivíduo eminente na ação ou na especulação que não tenha sido branco. Entre os negros, não se encontram nem engenhosos artefatos, nem artes, nem ciências. Por outro lado, os mais rudes e bárbaros entre os brancos, como por exemplo os antigos germanos e os tártaros de hoje, têm ainda algo de relevante, no seu valor, na sua forma de governo ou em qualquer outro particular. Uma diferença tão constante e uniforme não poderia verificar-se em tantos países e em tantas épocas se a natureza não tivesse posto uma distinção originária entre essas raças humanas".

Em 1776, Thomas Jefferson pensava que "em geral a existência dos negros parece participar mais da sensação que da reflexão ... Se pusermos em confronto suas faculdades da memória, da razão e da imaginação, parece-me que na memória eles são iguais aos brancos, na razão são muito inferiores, tanto que creio ser difícil encontrar um que seja capaz de expor e compreender os teoremas de Euclides; na imaginação, enfim, são monótonos e sem gosto ... Portanto apenas avanço a dúvida de que os negros – sejam eles uma raça originariamente distinta, ou que se diferenciou com o tempo e as circunstâncias – são inferiores aos brancos na constituição tanto do corpo como do espírito".

Parece que para encontrar asserções fortes referentes à desigualdade entre os homens não é absolutamente necessário incomodar nem os pequenos, nem os médios, nem os grandes pensadores chamados reacionários, nem o seu fascinante e inimitável Príncipe, Friedrich Nietzsche. Basta permanecer dentro dos grandes expoentes da grande cultura "progressista". Na modernidade afirma-se e reforça-se (em zonas cada vez mais amplas da Terra) o valor da igualdade, mas a contraideologia da desigualdade não pertence a um remoto e superado passado da história. Ela operou no passado recente e continua a operar com força também no presente.

Circulou na Europa, em outros tempos, a ideia de que a afirmação do saber científico teria assinalado o desaparecimento definitivo das superstições e da magia. Hoje sabemos que é totalmente verdadeiro o que afirmava Ernesto De Martino, no início dos anos 60: a escolha entre pensamento mágico e pensamento racional não está absolutamente concluída na modernidade. Mesmo depois da grande escolha histórica dos inícios da era moderna, o *mágico* tende continuamente a reflorescer em algumas formas da vida religiosa, nas numerosas e variadas formas de plágio exercidas por muitos fundadores de seitas, na manipulação das consciências por parte de muitos *gurus* que atuam na política, na mística do chefe carismático, na própria imagem do cientista onipotente. A magia e a Tradição Hermética não foram *eliminadas da história* por obra da Revolução Científica: sobrevivem de formas diversas e em diferentes níveis.

Parece que as ideologias da desigualdade, elas tampouco, não foram eliminadas da história. Elas têm ilustres e nem sempre conhecidos antepassados, além de uma invencível tendência à ressurreição.[8]

IX

Em dezembro de 1921, Virginia Woolf pensava: "Mrs. Radcliffe divertia nossos ancestrais, porque eram nossos ancestrais, viviam com pouquíssimos livros, recebiam uma carta de vez em quando, liam um jornal que, quando chegava, já era velhíssimo, moravam nos lugares mais perdidos do campo ou numa cidadezinha que se assemelhava ao mais modesto dos nossos vilarejos, dispunham de longas horas para passar sentados ao pé da lareira, bebendo vinho à luz de meia dúzia de velas. Hoje em dia, o nosso café da manhã é temperado por um banquete de horrores mais abundante que o que era servido a eles num ano. Estamos cansados de violência, desconfiados do mistério".

Ela escrevia esses pensamentos a propósito de Henry James e, em particular, de sua narrativa *The Turn of the Screw* [*A volta do parafuso*], acrescentando ainda: "algo de turvo e de inexprimível emerge à superfície, tenta penetrar, agarrar alguma coisa ... É Quint que gira em torno de nós no escuro ... É Quint que temos que afastar com a força da razão e que, apesar de todo o nosso raciocínio, retorna. Será que temos medo? Mas não é um homem de cabelos ruivos e rosto branco que tememos. Temos medo, talvez, de algo em nós mesmos".

A narrativa de James fora publicada em capítulos no *Collier's* de 27 de janeiro a 16 de abril de 1889 e tinha sido escrita para aqueles tranquilos ancestrais que bebiam seu vinho num mundo não turvado de horrores. Mas, como ocorre quase sempre, os ancestrais tinham sido um tanto mitificados. Nos anos compreendidos entre o *Catecismo dos industriais* de Auguste Comte (1824) e *A decadência do Ocidente: esboço de uma morfologia da história universal* de Oswald Spengler (1918) também viram a luz os *Parerga e paralipomena* de Schopenhauer (1851), as páginas *Sobre a utilidade e o prejuízo da história para a vida* de Friedrich Nietzsche (1874), muitos textos de Sigmund Freud, *O médico e o monstro: o estranho caso do Dr. Jekyll e Sr. Hyde* (1886) de Robert Louis Stevenson. Trata-se, como é sabido, de escritos que tiveram não só uma fortuna acadêmica, como também um sucesso notável; atingiram um público muito vasto. Em *O médico e o monstro,* encontra-se escrito: "Aproximei-me cada vez mais daquela verdade cuja descoberta parcial condenou-me a uma assustadora catástrofe ... Outros prosseguiram no mesmo caminho, destinados a ultrapassar-me; a mim só resta formular a arriscada hipótese segundo a qual o homem será conhecido como um sistema de unidades multiformes, incongruentes e independentes".

Nos vinte volumes do ciclo dos Rougon-Macquart (1870-1893), Émile Zola traçava uma história do declínio da França durante o Segundo Império, seguindo através de várias gerações a história da degeneração de uma única família. Em *A besta humana* (1890), uma locomotiva é a metáfora de uma história movida por forças incontroláveis: "A locomotiva corria, corria sem cessar, como que agitada cada vez mais pelo arquejo estridente da própria respiração ... Entre as trevas, sem maquinista, qual besta cega e surda, abandonada à morte, corria, corria, sobrecarregada daquela carne de canhão, daqueles soldados que cantavam, embriagados e inertes de cansaço".

Hyppolite Taine pensava em 1878 que do camponês, do operário, do burguês da segunda metade do século XIX, tornados pacíficos e gentis por uma antiga civilização, pudesse repentinamente ressurgir o bárbaro, ou, pior ainda, a besta primitiva, o gorila sedento de sangue que guincha enquanto mata e dá cambalhotas sobre as ruínas que provocou. Em 1892, Scipio Sighele, Gabriel Tarde e Henry Fournial (sem levar em conta as acesas disputas sobre a prioridade das suas ideias) concordavam em que o homem isolado fosse um ser civil, enquanto a multidão (composta por homens individualmente civis) fosse ao contrário uma criatura instintiva e "feminina", uma *bête humaine* na qual emergem os piores instintos e desaparecem os bons sentimentos. Em 1895, através da *Psychologie des foules* de Gustav Le Bon esses temas tornaram-se familiares a um grande número de leitores.

Será realmente que a segunda metade do século XIX era dominada por um *senso de segurança* ao qual a Primeira Guerra Mundial teria repentinamente posto fim?

Parece possível afirmar também que, entre o declínio do século XIX e o início do XX, a "fé média" dos intelectuais tenha sido uma realidade um tanto problemática. As ambivalências não eram entidades desprezíveis. Admitindo-se que tenha existido, aquela "fé no progresso" era invadida por um mar de dúvidas.[9]

X

Justamente no declinar do século, em 1892, Max Nordau pensava: "Por mais vazia de sentido que possa ser a expressão *fin de siècle*, existe todavia nos grupos dirigentes aquele estado psicológico que a determina. As sensações da época são extraordinariamente confusas, compostas de febril atividade e de surdo desânimo, de pressentidos temores e de humorismo forçado. O sentimento que prevalece é o de um fim, de uma extinção. Em nossos dias ressurge a obscura apreensão de um crespúsculo dos povos ante os quais empalidecerão lentamente todos os sóis e todas as estrelas, e em meio à natureza moribunda os homens passarão com todas as suas instituições e suas criações".

Não havia apenas dúvidas invadindo a fé no progresso. Contrastando com aquela fé que encontramos definida como "a fé do nosso século" no dicionário Larousse (edição de 1875) e que consiste em crer que a humanidade passa incessantemente do bom para o melhor, da ignorância para a ciência, da barbárie para a civilização, havia as milhares de páginas escritas por filósofos, psiquiatras, antropólogos, sociólogos, jornalistas e romancistas (entre os quais o supracitado Émile Zola) sobre o tema da *degeneração*. A propósito do qual, escreveu o autor de *Faces of Degeneration,* traçando a história de uma *desordem europeia* entre 1848 e 1918: "a potencial degeneração da sociedade europeia não era discutida como se constituísse um problema religioso ou ético ou filosófico, mas como um *fato* médico, biológico ou antropológico empiricamente demonstrável".

Para todos aqueles que tomam como boa a definição do Larousse e colocam sob aquela etiqueta toda a "época do positivismo" é como se aquelas milhares de páginas jamais tivessem sido escritas. Hyppolite Taine, Bénédict Augustin Morel, Henry Maudsley, Cesare Lombroso, Émile Zola, Scipio Sighele, Gabriel Tarde, Gustav Le Bon, para não falar de Sigmund Freud, são eliminados da história como presenças incômodas ou insignificantes anomalias. Parece porém que naqueles decênios estavam ganhando espaço teorias sobre o inconsciente individual e coletivo, discursos sobre o comportamento animal, sobre as origens da linguagem, sobre os limites biológicos da cultura que estão nas raízes dos discursos do presente. O cérebro e a consciência começaram então a ser pensados como os lugares que guardam dentro de si os sinais da primeira vida infantil e os traços dos selvagens animais de um remoto passado.[10]

XI

William James pensava em 1895: "Houve tempos em que os Leibniz, com suas cabeças encimadas por monstruosas perucas, podiam construir suas teodiceias, tempos em que bem nutridos funcionários de uma igreja estabelecida conseguiam demonstrar, considerando as válvulas do coração e o ligamento da junta femural, a existência de um Ordenador moral e inteligente do mundo. Mas esses tempos estão acabados ... Na verdade tudo o que nós sabemos do bem e do dever procede da natureza; não obstante, todos nós conhecemos o mal. A natureza visível é toda plasticidade e indiferença; poderíamos chamá-la um *multiverso* moral, não um universo moral".

O mundo de Darwin é um processo com regulação interna. A seleção natural é o relojoeiro cego, que não planeja consequências e não tem em vista nenhum fim. A impressão do desígnio intencional do relojoeiro, de seu projeto, é apenas uma ilusão que depende do narcisismo dos seres humanos.

Parece que também nesse complexo mundo, que tem relação não só com o darwinismo como com o tema do "lugar do homem na natureza" e com a visão da história, a coisa é muito mais complicada do que muitos pensaram. Thomas Henry Huxley, diante da possibilidade de que a ciência pudesse falhar na sua tentativa de resgatar a humanidade da dor, via como "conclusão auspiciosa a chegada de um gentil cometa que levasse tudo embora". Estamos em 1890, na época da fé no progresso.[11]

XII

Paul Valéry pensava em 1919: "nós, civilização, sabemos agora que somos mortais ... sabemos que uma civilização tem a mesma fragilidade que uma vida".

No ano anterior, em *A decadência do Ocidente*, Oswald Spengler tinha difundido a imagem das civilizações como organismos autônomos e incomensuráveis entre si, que nascem e morrem como flores, segundo o desígnio do destino. A civilização ocidental acha-se no ocaso, está completando o seu ciclo e se encaminha para a destruição. A extraordinária repercussão desse livro deveu-se principalmente ao fato de fazer amadurecer e executar, num estilo rutilante, ideias em voga. Como notava Ortega y Gasset, todos, naqueles anos, falavam de decadência. Quando o livro apareceu "tal preocupação preexistia em todas as mentes com significados e razões as mais heterogêneas".

Em páginas talvez menos conhecidas, mas igualmente intensas, Albert Schweitzer, refugiando-se na floresta virgem, dava forma, naquele mesmo ano, a um diagnóstico não diferente: "Vivemos hoje sob o signo da destruição da civilização. Isso não é consequência da guerra, esta na verdade não passa de um sintoma ... Ultrapassamos os limites do século XX com uma inabalável confiança em nós mesmos ... Agora está claro para todos que a morte da civilização é dada pelo tipo do nosso progresso ... O enorme aumento do poder e do saber humanos ... limita cada vez mais as atividades individuais ... Não se apela para o homem inteiro, mas apenas para algumas de suas faculdades ... O homem moderno se perde na massa de um modo que não tem igual na história ... A coletividade recorrerá a qualquer expediente para mantê-lo numa condição despersonalizada: ela de fato teme a personalidade".

Mas já em 1913, Werner Sombart tinha falado do progresso como de "uma ideia absurda" e de uma técnica que sufoca no homem todo "movimento ideal". E Max Scheler, em 1915, tinha afirmado que o espírito da civilização moderna não constituía absolutamente, como queria Spencer, um progresso, mas, ao contrário, um *declínio* no desenvolvimento da humanidade. Em 1914, após a entrada da Inglaterra na guerra, Henry James escreveu: "O afundamento da civilização nesse abismo de sangue e de trevas ... é algo que desmascara completamente toda a longa época em que supusemos que o mundo, malgrado todas as dificuldades, estivesse progredindo gradativamente. Aceitar que *essa* era a meta para a qual na realidade tendiam aqueles anos perfidamente insidiosos, que esse era o seu *significado,* é coisa demasiado trágica para poder ser expressa em palavras".

As palavras de Daniel-Rops, em 1927, parecem uma conclusão: "Estamos numa época em que a meditação sobre a morte se impõe a todos os espíritos. Cada um pode ver os pródromos da decadência".

Nos anos 30 as vozes da crítica à ideia de progresso tornam-se um coro grandioso do qual poucos escapam. A identificação da ideia de progresso com um mito oitocentista, como todos sabem, nasce num clima de angústia profunda, de ansiedade e de pessimismo sobre o destino do Ocidente. O homem, afirmava Ortega y Gasset em 1930, "não pode suportar o processo da civilização". O homem, pregava Alexis Carrell num livro que teve milhões de leitores, não pode adaptar-se às condições da vida moderna.

O temor diante de um mundo não controlável, a escravidão do homem contemporâneo, a responsabilidade das máquinas, a violação sacrílega da intacta natureza: esses temas, variadamente misturados entre si, tornaram-se outra "fé média" dos intelectuais do Ocidente. Toda a modernidade, que se encarna sobretudo no mundo americano e no soviético, configura-se como o mundo de uma nova barbárie. Ainda nos anos 30 D. H. Lawrence escreveu: "Não me importaria nem um pouco que os bolcheviques mandassem pelos ares metade do mundo e os capitalistas, por acinte, a outra metade, contanto que deixassem para nós dois uma toca de coelho, para onde pudéssemos escorregar e nos encontrar debaixo da terra, como os coelhos". Parece que se reabre, em termos invertidos, a antiga *Querelle des anciens et des modernes*: o *moderno* coincide com o *desumano.* Toda a modernidade se configura como o mundo da nova barbárie. Diante das inúmeras críticas da civilização, da técnica, da ciência, das máquinas, do Ocidente, mesmo diante dos profetas de desgraças abria-se um caminho bem largo. Nos anos entre as duas guerras, como demonstrou

Michela Nacci, esse caminho estava também extremamente povoado. Desde então o tráfego certamente não diminuiu.[12]

XIII

Em 1930, H. R. Knikerbocker pensava: "só os marxistas ainda ousam afirmar que o futuro possa ser predeterminado pela vontade dos homens". Em 1896, Antonio Labriola escreveu: "A verdadeira crítica da sociedade é a própria sociedade, que pelas contradições antitéticas dos contrastes em que se apoia gera em si mesma a contradição, e esta depois triunfa adquirindo uma nova forma. O fator que resolve a presente antítese é o proletariado; quer saibam ou não os próprios proletários". Com a recusa ou a dissolução do método dialético, pensou György Lukács em 1923, "perdeu-se a cognoscibilidade da história". Se é verdade que nosso conhecimento das leis de desenvolvimento da natureza é um conhecimento válido, que tem o valor de uma verdade objetiva – afirmará Stalin em 1945 – "decorre daí que a vida social e o desenvolvimento da sociedade são cognoscíveis e que os dados da ciência sobre as leis de desenvolvimento da sociedade são dados válidos, que têm o valor de verdades objetivas". Para o Instituto de Filosofia da Academia de Ciências da URSS as leis da dialética constituíam (em 1958) "leis de desenvolvimento tanto do ser como da consciência"; a dialética subjetiva era um reflexo da objetiva. O primeiro período importante do irracionalismo moderno, tinha dito Lukács em 1953, "surge em oposição ao conceito idealístico e histórico-dialético de progresso; o caminho que vai de Schelling a Kierkegaard é ao mesmo tempo o caminho que conduz de uma reação feudal contra a Revolução Francesa para a *hostilidade burguesa em relação ao progresso*".

Parece que nessa zona (antes largamente povoada) da cultura filosófica do século XX – tanto por parte daquele marxismo que insistia sobre as leis necessárias da história quanto por parte daquele outro que insistia, pelo contrário, sobre a centralidade da iniciativa revolucionária – foram conjugadas duas diferentes tradições: a "baconiana", que se refere aos avanços verificados no saber técnico-científico, e a hegeliana-comtiana, de uma história que é história de progresso e de melhoramentos.[13]

XIV

Em 1931 e depois em 1934, Georges Friedman pensava: "Só o socialismo poderá deter os males da máquina, hoje anárquica, e colocá-la a serviço do homem ... Não existe, como creem os Jeremias do 'mundo sem alma', um problema universal e metafísico da técnica. Existe essencialmente o problema da utilização da técnica no regime capitalista". A *conjugação* entre a tradição "baconiana" e a "comtiana" abria espaço para a distinção – inúmeras vezes repetida dentro do marxismo – entre a técnica boa e humanitária dos países socialistas e a má e desumanizante dos países capitalistas.

Mas todos os teóricos da técnica sempre má e todos aqueles (uma lista interminável) que consideravam a semelhança entre a URSS e os Estados Unidos como as duas faces de uma mesma moeda, como os lugares da massificação e da desumanização, ou que (como Céline e Drieu de la Rochelle) viam no socialismo soviético "a cópia bruta da vituperada tradição burguesa da Europa", no seu diagnóstico também partiam daquela mesma conjunção.[14]

XV

Auguste Comte pensava que a origem evidente do conceito de progresso humano fosse "espontaneamente derivada do desenvolvimento gradual das diversas ciências positivas". Dessa "nascente", aquele grande conceito se tinha "progressivamente estendido ao movimento político da sociedade". A existência de uma forma de saber dentro da qual se dão indiscutíveis melhoramentos e avanços é pensada como a *origem* e ao mesmo tempo a *confirmação* de uma filosofia da história que vê a história caracterizada não só por melhoramentos e avanços mas por uma intenção racional.

A conjugação entre a visão "baconiana" do *advancement* e a "comtiana" do *progresso* foi adotada (com sinal invertido) não só pelos arautos do progresso mas por todos os inúmeros críticos da ciência e da técnica. Nesse vastíssimo coro, composto por vozes bastante altas (como a de Martin Heidegger) e por vozes baixas (mas raramente "profundas") como as de seus inúmeros comentadores, é cantada sempre a mesma canção: a técnica-ciência é a *essência* da modernidade.

Parece que a crítica à filosofia da história como progresso teve um *efeito contaminante* sobre a consideração da ciência por parte dos filósofos. *Já que* na ciência existem progressos, *então* quem não crê que haja progresso na história não pode crer que ocorram progressos na ciência. Deve ser recusada *toda e qualquer ideia* de qualquer forma possível de avanço. A ciência torna-se um fator de deformação e de engano. A técnica (e é difícil negar que nesta ocorram avanços) configura-se como o lugar da perdição.

Parece também lícito perguntar: aquela passagem é realmente justificável? É possível separar aquilo que aparentemente está indissoluvelmente ligado a outra coisa? É possível crer que ocorram avanços e melhoramentos no saber e no fazer sem adotar a *mitologia* de uma história como progresso? Sem sequer aceitar a ideia de uma *essência* da modernidade? Sem necessidade de colocar aqueles avanços dentro de um horizonte de triunfal otimismo ou de pessimismo apocalíptico? Sem aceitar a ideia de um radioso Sol do Porvir ou de uma imensa Catástrofe Final?[15]

XVI

Sigmund Freud pensava, em 1927, que a civilização humana (entendendo por esse termo tudo aquilo pelo qual a vida humana se elevou acima das condições animais) compreendia, por um lado, todo o saber e o poder que os homens adquiriram a fim de dominar as forças da natureza e extrair dela os bens para a satisfação das necessidades humanas; e por outro, todos os ordenamentos necessários para o fim de regular as relações dos homens entre si e em particular a distribuição dos bens obtidos. Freud sabia que essas duas direções da civilização não são independentes uma da outra. Acreditava firmemente que se verificam significativos e importantes avanços no saber e nas formas de intervenção humana. Julgava que a civilização devia ser defendida contra os indivíduos e contra os movimentos hostis dos seres humanos, nos quais estão presentes tendências destrutivas e hostis à civilização.

Uma sociedade civilizada continuamente ameaçada de destruição. O poder sobre as forças naturais estendeu-se de tal maneira que, servindo-se dele, os seres humanos poderiam exterminar-se totalmente. Quem poderá prever se Eros terá sucesso na sua eterna luta contra Tanatos? Se estamos prontos a renunciar a uma boa parte dos nossos desejos infantis, podemos suportar que algumas de nossas expectativas se revelem meras ilusões? O intelecto humano é sem forças em comparação com a vida dos instintos. A voz do intelecto é baixa, mas não cala enquanto não encontra ouvintes.

Aqui também as razões de esperança são concebidas como as razões que devem preservar-nos do desespero; olhar para o futuro assemelha-se a uma viagem oceânica em frágeis caravelas. Parece que, no pensamento da primeira metade do século XX, também estão presentes pensamentos de certo modo próximos daqueles expostos na seção V e em condições de responder de maneira positiva às perguntas colocadas no fim da precedente número XV.[16]

XVII

Enquanto escrevia as notas contidas na seção *Pintura, Jugendstil, Novidade,* Walter Benjamin pensava: "Jamais houve uma época que não se sentisse *moderna*, no sentido excêntrico do termo, e não acreditasse estar diante de um abismo iminente. A lúcida consciência desesperada de estar no meio de uma crise decisiva é algo crônico na humanidade".

Quando escrevi um ensaio intitulado "Idola della modernità", no qual qualificava como *idola* todos os traços fundamentais que os pós-modernos atribuem com grande desenvoltura ao moderno e com base nos quais constroem sua caricatura histórica da modernidade (cf. a seção VI deste capítulo), não conhecia esse texto extraordinário. E tampouco o conhecia quando escrevi o que está estampado aqui no número XVIII. Talvez seja verdade que apenas quando se entra em lugares geralmente pouco frequentados é que acontece de ouvir coisas que soam familiares.

Para todos os inúmeros autores que escreveram sobre o pós-moderno ou teorizaram sobre ele de maneira variada, para todos os cultores da época do *Endism* ou do *Endzeit*, para todos os fabricantes de histórias e de epistemologias atuais, para todos os construtores de séculos monoparadigmáticos, para muitos dos admiradores de Benjamin, assim como para todos os autores de resumos, compêndios ou manuais, é como se esse pensamento (que foi pensado nos anos 30 e tornado conhecido só cinco décadas mais tarde) jamais tivesse sido concebido. Parece portanto que esse pensamento específico e inusitado foi pensado em vão.[17]

XVIII

O leitor de livros de filosofia pensa que aquela em que lhe tocou viver é a expressão *máxima e jamais alcançada anteriormente na história* de uma cultura da crise. Ele é estimulado à incerteza por uma variegada companhia de filósofos. Comunicam-lhe que justamente nesses dias chegou ao fim a época áurea da segurança e que não é mais possível orientar-se no mundo assumindo o ponto de vista de Deus. Os *idola theatri* sempre gozaram uma saúde invejável. No teatro da filosofia estão sempre em cena o Sujeito, percorrendo o caminho que leva de Descartes a Kant, um Hume que só serve para despertar o adormecido Kant, um iluminismo totalmente de conveniência e um positivismo de enciclopédia universal em edição econômica.

Reforçar o *presentecentrismo* é tão fácil quanto reforçar a natural tendência a fazer da própria aldeia a medida do mundo. Existiram realmente épocas da segurança? Ou será que a expressão "fim das certezas" foi usada inúmeras vezes (em diversas formas literárias) para significar que o passado era diferente do presente, visto que se apresentavam ao mundo coisas novas e estranhas e dificilmente compreensíveis? "Não existe nenhuma existência constante nem do nosso ser nem dos objetos; e nós, e o nosso ser, e todas as coisas mortais vamos escorrendo e rolando sem cessar" (1580). "A fortuna não é mais diferente e variável que a nossa razão, nem mais cega e irrefletida" (1589). "Espontaneamente os homens confessam que este mundo está consumado ... e veem que o mundo está novamente pulverizado nos seus átomos. Tudo está em pedaços, desapareceu toda coerência, toda substância e toda relação: pai, filho, rei, súdito são coisas esquecidas..." (1611). "A astronomia, a medicina, a jurisprudência, a física, oscilam todos os dias, vendo desmoronar os seus fundamentos ... Desse modo, tendo cada um os seus adeptos, tudo parece plausível e não sabemos em quem acreditar..." (1657).

A linha da modernidade passa através de Descartes, Kant, Hegel, Marx, Comte, Carnap ou através de Montaigne, Bacon, Bayle, Hume, Dewey? Parece inteiramente sensato renunciar a usar, nesse caso, a palavra *"ou"*.[18]

XIX

No início do século XVIII, Pierre Bayle pensava: "Deus, que é o distribuidor dos conhecimentos humanos, age talvez, em relação a todas as escolas filosóficas, como um bom pai comum, visto que não permite que uma delas possa triunfar completamente sobre as outras, destruindo-as sem remédio. Uma posição filosófica colocada contra a parede, desafiada, encurralada, encontra sempre meios de reerguer-

-se, quando, abandonando a defensiva, passa ao ataque com diversionismos e distorções. A disputa entre as várias escolas filosóficas desenvolve-se sempre como aquela luta entre gregos e troianos na noite da queda de Troia: um de cada vez, eles se vencem mutuamente, conforme conseguem passar da defesa ao ataque".

> ... *Nec soli poenas dant sanguine Teucri*:
> *Quondam etiam victis redit in praecordis virtus.*
> *Victoresque cadunt Danai* ... (*Eneida*, II, 366)
>
> [... Os troianos não são os únicos a derramar seu sangue:
> Às vezes a coragem renasce também no coração dos vencidos.
> E são os gregos vencedores que tombam...]

A chamada história *filosófica* da filosofia é teorizada por aqueles que a praticam como um gênero literário "superior" (o único digno de interesse para os filósofos). Ela consiste em relatar o modo como se desenvolvem um do outro os argumentos elaborados por um filósofo contra o outro. O problema das relações da filosofia com a sua história, para esses estranhos "historiadores", configura-se de modo totalmente diferente em relação ao que ocorre nos outros campos do saber: enquanto nenhum romancista, poeta, antropólogo ou político jamais sonharia em afirmar que é necessário ser romancista, poeta, antropólogo ou homem político para escrever uma história do romance, da poesia, da antropologia ou da política, alguns filósofos afirmaram e afirmam que para escrever sobre história da filosofia é necessário ser filósofo. Os filósofos que defendem essa tese não se limitam a dizer que é preciso *conhecer* as filosofias para escrever sua história, assim como se diria obviamente que é preciso conhecer os romances para escrever uma história do romance. Afirmam com razão (prosseguindo na analogia) que é preciso *ser* romancista para escrever uma história do romance. A analogia, para eles, obviamente não vale: não defendem isso nem no caso do romance, nem no da poesia ou da política, mas *apenas* no caso da filosofia.

Trata-se realmente de uma história *estranha* que distingue (como queria Immanuel Kant) entre o caráter empírico de toda pesquisa histórica, que é conhecimento das coisas como elas são, e o conhecimento racional, que seria o conhecimento das coisas como *devem ser necessariamente*. "Uma história *filosófica* da filosofia é ela própria possível não historicamente, mas racionalmente, ou seja, *a priori*. De fato, embora ela apresente os fatos da razão, não os deduz do relato histórico, mas os extrai da natureza da razão humana". Nessa história, baseada na natureza da razão humana, "nada do que aconteceu pode ser narrado sem primeiro saber o que deveria acontecer, e, por conseguinte, também o que poderia acontecer". Não se trata de fato da história de opiniões surgidas casualmente aqui e ali, "mas da história da razão que se desenvolve com base em conceitos".

Quando são dotados de um mínimo de sensibilidade histórica, até mesmo os cultores do gênero tipicamente acadêmico da "história filosófica da filosofia" (que tem uma debilíssima curiosidade pelo passado, faz uso de textos que já foram canonicamente *selecionados* e se limita a explicar acrescentando notas) acabam por perceber que não existem em filosofia refutações autênticas e que é totalmente verdadeira a reflexão anterior de Bayle segundo a qual, em filosofia, jamais ocorrem derrotas definitivas: "Argumentações 'antigas' não morrem só porque nasceram outras 'modernas', e a sua permanência constitui uma real riqueza do pensamento filosófico. Aquilo que parece uma refutação é muitas vezes uma mudança completa de atitudes e de pressupostos, que não tira das teorias precedentes uma capacidade de sobrevivência e de vitalidade".

Seria possível portanto crer que, depois de quase trezentos anos, uma larga parte dos filósofos de profissão considerem ainda válida aquela que Pierre Bayle considerava uma "judiciosa reflexão sobre a natureza dos conhecimentos humanos" e que como tal tinha inserido na nota G do verbete *Rorarius*.

Na realidade, não é isso absolutamente o que ocorre. Muitos filósofos continuam a crer que a história da filosofia coincide com uma história da *razão* que se desenvolve com base em conceitos. Consideram portanto que em filosofia se verificam não apenas complicações, mas autênticos *pro-*

gressos e que a história da filosofia seja (como queria Kant naquelas páginas) apenas uma forma de (não foucaultiana) *arqueologia*.[19]

XX

No plano elaborado para o complemento de *Bouvard et Pecuchet,* Gustave Flaubert pensava (em 1880) em inserir uma disputa entre Pécuchet, que nutria uma visão pessimista do futuro, e Bouvard, que acreditava no progresso. Ambos dispunham de material riquíssimo.

A "judiciosa reflexão" pensada por Bayle vale também para o mito do progresso e para o mito da decadência inseridos dentro dos grandes relatórios elaborados pelas filosofias da história. Esses grandes relatórios são hoje narrados pelas religiões e continuam obviamente a ter reflexos também numa parte bastante consistente da filosofia. A palavra *progressista* reposta em uso não parece fazer referência (pelo menos nas esperanças de muitos dos que se declaram tais) nem ao mito do progresso nem ao mito de uma filosofia da história.

Uma frente (de esquerda) "não pode ser mantida invocando tendências solidárias e contrapondo-as aos presumidos egoísmos de outros componentes sociais. É necessário pelo contrário tomar explícita e abertamente a defesa do futuro, e em torno desse valor reagregar um alinhamento progressista. Falar de futuro significa dar prioridade às novas gerações, promover sua inserção na comunidade social, assumir a lógica das compatibilidades e dos vínculos econômicos e ambientais, reconhecer-se na escolha ética da responsabilidade ... Ser de esquerda hoje significa pensar nos outros e no futuro".

Olhar para o futuro tem a ver certamente com o *advancement*, com uma ideia de progresso liberada dos seus aspectos mítico-religiosos. Até na confusa mistura de temas presente em alguns expoentes do pós-modernismo esse tema consegue emergir. As metanarrativas de emancipação, escreveu Lyotard, "não procuram legitimidade num originário ato fundador, mas num futuro cujo advento se deseja, numa ideia a realizar".

Nessas perspectivas não há nenhuma relação necessária com o otimismo. Porque ocorrem, nesse terreno, posições que são ao mesmo tempo "pessimistas" (por exemplo, sobre a natureza humana) e ao mesmo tempo lucidamente combativas. Diferentemente do que procurou dar a entender a tradição do espiritualismo, uma filosofia que aceita um mundo dominado pelo acaso e pela complexidade e que é inevitavelmente destinado a ser eliminado não exclui em absoluto nem a piedade pelos viventes, nem a compaixão pelas inúmeras vítimas, nem o interesse por aqueles que ainda não nasceram, nem as intervenções destinadas a ajudá-los.

Parece não haver nenhuma garantia de que uma concepção alegre da vida ou uma fé nos destinos magníficos e progressivos deem, desse ponto de vista, garantias maiores. Entre pessimismo e resignação não ocorre nenhuma relação necessária.[20]

XXI

Em setembro de 1972, Hans Jonas pensou que a técnica tinha assumido relevância ética. A presença do homem no mundo era um dado basilar e indiscutível do qual se originava a ideia de obrigação no comportamento humano. Agora essa presença "tornou-se um *objeto* da obrigação, e precisamente da obrigação de assegurar o pressuposto de toda obrigação e portanto o *pretexto* para um universo moral no mundo físico: o fato de poder ainda existir *candidatos* para uma ordem moral ... Um imperativo adequado ao novo tipo de ação humana poderia soar assim: aja de tal modo que os efeitos da sua ação sejam compatíveis com a continuação de uma vida autenticamente humana".

Mas o futuro não é representado na sociedade: "aquilo que não existe não tem um *lobby* e aqueles que ainda não nasceram não têm nenhum poder; essa responsabilidade para com eles não se baseia em nenhuma realidade política no atual processo de decisão, e quando eles nos acusarem, nós não estaremos mais aqui".

Parece que as coisas são um pouco mais complicadas do que pensou o sindicalista (ademais, bastante culto e inteligente) citado anteriormente na seção XX (o qual faz referência a Vittorio Foa, e não a Hans Jonas). Adeus Proletariado herdeiro da filosofia clássica alemã e encarnação do senso da história! Para ser de esquerda hoje seria absolutamente necessário renunciar a representar interesses, aspirações ou esperanças *presentes* na sociedade presente.[21]

XXII

"Pensar nos outros e no futuro" serve realmente para distinguir a Esquerda da Direita? Creio que qualquer conservador apenas esclarecido também pode reivindicar para si esses pensamentos. Essa expressão pode talvez servir para distinguir os chamados "progressistas" da chamada Direita Radical. Dentro desta, permaneceu bem sólida a antiga ideia, de derivação gnóstico-hermética, de uma Verdade que está no Início e em relação à qual toda a história se configura como corrupção e decadência.

Muitos pensaram que quem procura conforto e salvação na Tradição pode ser dotado daquela mesma "impiedade crítica" em relação ao presente que caracteriza aqueles que têm em vista uma Salvação colocada no futuro. Primitivismo e milenarismo entrelaçaram-se com muita frequência na história. Na base daquela impiedade crítica sempre houve a possibilidade de um encontro entre os arautos da história como perda e corrupção e aqueles que ao contrário cuidam dos projetos para o futuro. A pergunta que outras vezes também me fiz é a seguinte: qual foi a contribuição *vinda da cultura de esquerda* para a difusão de perspectivas, ideias e valores que tempos atrás eram considerados de específica pertinência da cultura de direita?

Parece que os temas da Verdade que está nas Origens, da história como Esquecimento do Ser têm algo a ver com a Tradição Hermética. E a ideia de *advancement* foi especificamente elaborada em polêmica com essa tradição.[22]

XXIII

Eu pensei e escrevi: Quando a ambiguidade da linguagem e a sua enigmaticidade se tornam elementos essenciais para uma filosofia, a clareza linguística é explicitamente condenada como simples bom senso e superficialidade; quando o tema *olhar para o passado*, a afirmação de uma Retomada Sapiência das Origens e a imagem de uma Verdade que está no Início dos Tempos se tornam as grandes ideias guias de uma filosofia; quando toda presença se configura apenas como Traço, Degeneração, Esquecimento, e a história se torna um contínuo afastamento das fontes do pensamento; quando enfim se teoriza uma diferença de essência entre os Eleitos ou Pneumáticos (que podem recorrer àquela Sapiência e entrever o Destino) e os que permanecem para sempre confinados na temporalidade do cotidiano e só têm capacidade de intelecto, mas são totalmente incapazes de Pensamento: quando tudo isso ocorre *simultaneamente* ou numa mesma filosofia, então a antiga Tradição Hermética revela a sua não extinta presença, mostra a sua operante persistência, celebra os seus tardios triunfos.

Parece que esse paralelo heideggerismo-hermetismo (antes considerado ousado demais) foi lentamente ganhando terreno.[23]

XXIV

Também pensei e escrevi: Nas origens da projetualidade e no modo de olhar para o futuro que se relacionam com o moderno estão dois grandes temas que operam conjuntamente e que se colocam como alternativas à (ainda vigente) cultura hermética: o primeiro é o abandono do mito de uma história como Esquecimento do Ser, de uma *prisca theologia* ou de uma originária sapiência perdida nas trevas do passado; o segundo tem a ver com a decidida recusa do caráter secreto e iniciático do saber. A distinção, que tem origens gnósticas e averroístas, entre dois tipos de humanidade – a multidão ou o rebanho dos simples e ignorantes que têm necessidade de fábulas e de telenovelas e os eleitos que estão em condições de colher a verdade porque já iniciados nos Santos Mistérios – é unanimemente recusada no início da modernidade mas se mantém bem viva porém tanto na cultura da Direita Radical como na cultura de consistentes grupos de "progressistas".

A *difusão* do saber e de suas verdades não coincide em absoluto (como teorizava a tradição da magia e como também unanimemente teorizou a cultura da Direita no século XX) com a sua *destruição*. Podem ser dadas (é desejável que se deem) pérolas aos porcos e não é ilícito que as noções da ciência sejam oferecidas (como se expressava Elemire Zolla) "em repasto às massas".

Parece que a ciência, o saber, a sua difusão e utilização têm a ver com a igualdade, a recusa do saber iniciático, a negação das hierarquias e do próprio conceito de *iniciação*.[24]

XXV

A vida e a convivência entre os homens e entre os povos, pensava Karl Löwith em 1940, não são de tal modo que possam ser realizadas sem paciência e indulgência, ceticismo e resignação, ou seja, sem aquelas virtudes que o alemão da época renegava julgando-as anti-heroicas.

Muitos se deram conta de que a democracia é uma forma muito *artificial* e bem pouco *natural* de vida associada. Ela está ligada estruturalmente e não ocasionalmente a uma série de imperfeições. É uma forma de vida social que requer doses muito elevadas de disposição para ouvir, muita capacidade de suportar, uma notável capacidade de viver sem ilusões, dando pouco espaço às utopias e à ideia de uma total regeneração. A incompatibilidade entre os valores propostos torna inevitáveis os conflitos, assim como torna incoerente, obsoleta e ilusória a ideia de um Todo Perfeito no qual convivam todas as Coisas Boas. A democracia é predominantemente (ainda que não exclusivamente) ligada a uma filosofia (o empirismo) que não provoca arrepios ao longo da espinha, que a muitos parece pouquíssimo excitante, que nasceu em polêmica com o *entusiasmo*, que insiste sobre os limites do possível, sobre a provisoriedade das soluções, sobre sua parcialidade e revisibilidade, que prefere os compromissos às decisões carismáticas. Vive em permanente contraste entre a procura do consenso e a necessidade de medidas impopulares, entre a necessidade das competências (que é de poucos) e a necessidade do controle de muitos sobre as decisões dos poucos.

A recusa a identificar o Adversário com o Inimigo, a procura de um equilíbrio sempre ameaçado e sempre necessitado de ajustes e de reparos, a ideia de que o Valor consiste apenas em evitar escolhas irreparáveis e em tornar mais tolerável a "face demoníaca do Poder" parecem certamente aos sacerdotes e profetas do Destino do Ocidente (igualmente distribuídos dentro da Direita e da Esquerda) ideais muito pouco nobres e muito pouco heroicos.

As palavras, no mesmo momento em que são usadas, "voltam a sua força contra o intelecto". A linguagem não é uma entidade controlável. Parece que, mediante as palavras, podemos traçar linhas de demarcação bem visíveis entre as coisas. Mas depois, cada vez que tentamos deslocar essas linhas, as palavras nos são obstáculos, rebelam-se e condicionam nosso próprio modo de pensar. De que serve, afinal, lembrar os *idola fori* depois que a arcaica e equívoca palavra *progressista* foi escolhida por alguns e aceita em seguida como significativa por uma minoria (bastante consistente, aliás) de cidadãos?

Parece que *progressista* quer dizer uma coisa só: que ao invés de caminhar com os olhos voltados para a Perdida Verdade que temos às nossas costas, escolhe-se caminhar olhando para a frente, na escuridão de uma inextricável floresta, dentro da qual podemos esperar conseguir acender, uma de cada vez, algumas pequenas luzes. Mas será mesmo verdade que essa metáfora é do maior dos iluministas, que se chamava Denis Diderot?[25]

Notas

1 F. Bacone. *Scritti filosofici*. P. Rossi (Org.). Torino: Utet, 1975, p.522-3.
2 A. Kircher. *Oedipus Aegyptiacus hoc est Universalis Hieroglyphicae Veterum doctrinae temporum instauratio*. Romae, 1652, E. H. J. Gombrich. *The problem of relativism in the theory of ideas*. In: M. L. Bianchi (Org.) *Storia delle idee*: probleme e prospettive. Seminario internazionale, Roma, 1989, p.3-12.
3 Cf. Cap.2: Sobre as origens da ideia de progresso.
4 J. Kant. Idea di una storia universale dal punto di vista cosmopolítico. In: *Scritti politici*. Torino: Utet, 1965. p.124. [Ed. bras. *Ideia de uma história universal de um ponto de vista cosmopolita*. São Paulo: Brasiliense, 1986 (Elogio da Filosofia)].
5 F. Bacone, *Scritti filosofici, op.cit.,* p.392-3, 470, 606.
6 G. Sasso. *Tramonto di un mito*: l'idea di progresso fra Ottocento e Novecento. Bologna: Il Mulino, 1984, p.145; R. Rorty. *La storiografia filosofica*: quatro generi, In: G. Vattimo (Org.). *Filosofia '87*. Bari: Laterza, 1988, p.110.
7 P. Rossi. *Paragone degli ingegni moderni e postmoderni*. Bologna: Il Mulino, 1989, p.52-3.
8 Voltaire. *Scritti filosofici*. P. Serini (Org.). Bari: Laterza, 1962, p.133. *(Trattato di metafisica, 1734);* [Ed. bras. *Tratado de Metafísica*. São Paulo, Abril, 1973. (Os pensadores, 23)]. D. Hume, *Saggi e trattati morali, letterarii, politici ed economici*. M. Dal Pra, E. Ranchetti (Org.). Torino: Utet, 1974, p.399-400; T. Jefferson. *Notes on the State of Virginia*. W. Peden (Org.). Chapel Hill: University or North Carolina Press, 1955, p.140, 143. Sobre estes temas: A. La Vergata. *L'equilibrio e la guerra della natura*: dalla teologia naturale al darwinismo. Napoli: Morano, 1990; *N. Malthus*, Torino: Bollati Boringhieri, 1990; G. Gliozzi. *Adamo e il Nuovo Mondo*. Firenze: La Nuova Italia, 1977; *Differenze e uguaglianza nella cultura europea moderna*. Napoli: Vivarium, 1993.
9 H. James. *Racconti di fantasmi,* com um ensaio de V. Woolf, Torino: Einaudi, 1992, p.xiii; R. L. Stevenson, *Romanzi, racconti e saggi*. A. Brilli (Org.). Milano: Mondadori, 1982, p.627; H. Taine, *Les origines de la France contemporaine*. II, *La Révolution*. Paris: Hachette, 1878, I, p.70, trad. it. *Le origini della Francia contemporanea*. Milano:

Adelphi, 1989; G. Le Bon. *La Psychologie des foules*. Paris: Alcan, 1895, p.20, trad. it. *Psicologia delle folle*. Milano: Longanesi, 1980. [Ed. bras. *Psicologia das multidões*. Rio de Janeiro: F. Briguet, 1954. (Biblioteca de Filosofia Científica)]. Cf. S. Barrows, *Distorting mirrors, Vision of the Crowd in the late Nineteenth century France*. New Haven, London: Yale University Press, 1981.

10 M. Nordau. *Degenerazione*. Milano: Filli Dumdard, 1893, p.5-6; D. Pick, *Faces of degeneration*. A European disorder, 1848-1918. Cambridge: Cambridge University Press, 1989; G. Scarpelli. *Il cranio di cristallo*. Evoluzione della specie e spiritualismo. Torino: Bollati Boringhieri, 1993, p.65-81.

11 W. James. La vita vale la pena di essere vissuta?, In: C. Sini (Org.) *Volontà di credere*, Milano: Rizzoli, 1984, p.34-6; R. Dawkins. *L'orologiaio cieco*. Milano: Rizzoli, 1988, p.41; A. La Vergata. *L'equilibrio e la guerra della natura,* op. cit., p.614.

12 P. Valéry. La crise de l'esprit. In: *Varété*. Paris: Gallimard, 1924, p.11-5, trad. it. La crisi del pensiero. In: *La crise del pensiero e altri "saggi quasi politici"*. Bologna: Il Mulino, 1994; J. Ortega y Gasset. *La rebelione delle masse*. Bologna: Il Mulino, 1962, p.123 [Ed. bras. *A rebelião das massas*. Trad. Marylene Pinto Michael. São Paulo: Martins Fontes, 1987]; A. Schweitzer. *Agonia della civiltà*. Milano, 1963, p.17-8, 47, 73 (cf. R. Runcini. *Ilusione e paura nel mondo borghese da Dickens a Orwell*. Bari: Laterza, 1969, p.262-4); W. Sombart. *Il borghese*. Milano: Longanesi, 1950, p.476; M. Scheler. *Il risentimento nella edificazione delle morali*. Milano: Vita e Pensiero, 1975, p.185; H. James, *The letters of H. James*. Seleção e organização de P. Lubbock, 1920, II, p.398; H. Daniel-Rops. *Notre inquiétude*. Paris: Parrin, 1927, p.50; D. H. Lawrence. *Le tre Lady Chatterly*. Milano: Mondadori, 1955, p.619 [Ed. bras. *O amante de Lady Chaterley*. São Paulo: Paz e Terra, 1998.]. Inúmeros outros textos em M. Nacci (Org.) *Tecnica e cultura della crisi*. Torino: Loescher, 1982; cf. também M. Nacci, *L'antiamericanismo in Italia negli anni Trenta*. Torino: Bollati Boringhieri, 1989; *Spengler e il catastrofismo fra le due guerre*. In: R. Runcini (Org.) Le culture dell'Apocalisse, *Metaphorein*, v.9, 1983; D. Pick *War machine, the rationalisation of slaughter in the Modern Age*. New Haven-London: Yale University Press, 1993.

13 H. R. Knikerbocker. *La minaccia del commercio rosso*. Milano: Bompiani, 1932, p.32; A. Labriola, *La concezione materialistica della storia*. E. Garin (Org.). Bari: Laterza, 1965, p.106; G. Lucáks. *Storia e coscienza di classe*. Trad. G. Piana. Milano: Sugar, 1927, p.19-20; [Ed. bras. *História e consciência de classe: estudos da dialética marxista*. 2.ed. Trad. Telma Costa. Rio de Janeiro: Elfos, 1989. (Biblioteca Ciência e Sociedade, 11)]; J. Stalin. *Materialismo dialettico e materialismo storico*. Roma: Edizioni Rinascita, 1950, p.27 [Ed. bras. *O materialismo dialético e o materialismo histórico*. Trad.

Olinto Beckermann. São Paulo: Global, 1978?]; Accademia delle scienze dell'URSS, Istituto di Filosofia, *Fondamenti della filosfia marxista* (1958), G. Wetter (Org.). Milano: Fratelli Fabbri, 1965; G. Lukács. *La distruzione della ragione*. Trad. E. Arnaud. Torino: Einaudi, 1959, p.6-7.

14 G. Friedmann. L'Amérique et la machine, *Bifur*, v.8, p.120, 1931. *Problèmes du machinisme en URSS et dans les pays capitalistes*. Paris: Editions Sociales Internationales, p.53. Cf. M. Nacci. *L'equilibrio difficile*: G. Friedmann prima della sociologia del lavoro. In: G. Friedmann, *La crisi del progresso*. M.Nacci (Org.). Milano: Guerini, 1994, p.xix, xxxi, xxxii.

15 A. Comte. *Corso di filosofia positiva*. F. Ferrarotti (Org.). Torino: Utet, 1967, 2v., I, p.170 [Ed. bras. *Curso de filosofia positiva*. 5.ed. Trad. José Arthur Giannotti e Miguel Lemos. São Paulo: Nova Cultural, 1991. (Os pensadores)]; O. Negt. *Hegel e Comte*. Bologna: Il Mulino, 1975.

16 S. Freud. *Il disagio della civiltà e altri saggi*. Torino: Boringhieri, 1971, p.145-6, 280 [Ed. bras. *O mal-estar na civilização*. São Paulo: Imago, 1999].

17 W. Benjamin. *Parigi capitale del XIX secolo*. Torino: Einaudi, 1986, p.701; P. Rossi, Idola della modernità, In: *Paragone degli ingegni moderni e postmoderni*. op. cit., p.39-63.

18 As citações são tiradas de M. de Montaigne. *Saggi*, F. Garavini (Org.). Milano: Mondadori, 1970, I, p.801, 677; J. Donne. *The First Anniversary,* vs.205-219. In: *Poems*. org. H. J. C. Grierson (Org.). London, 1933; P. Borel, *Discours nouveu prouvant la pluralité des mondes*, Genève, 1657, p.3. Sobre as linhas da modernidade uma lista diferente encontra-se em M. Pera (Org.). *Il mondo incerto*. Bari: Laterza, 1994, p.xi.

19 P. Bayle. *Dizionario storico-critico*. G. Cantelli (Org.). Bari: Laterza, 1976, I, p.180-1; I. Kant. *I progressi della metafisica*. P. Manganaro (Org.). Napoli: Bibliopolis, 1977, p.157, 179 [Ed. bras. *Os progressos da metafísica*. Trad. Artur Mourão. Rio de Janeiro: Elfos, 1995. (Biblioteca de Filosofia, 3)]; E. Scribano. *L'esistenza di Dio*: storia della prova ontologica da Descartes a Kant. Bari: Laterza, 1994, p.vii.

20 O trecho de Flaubert está colocado na abertura do livro de D. Pick, *Faces of degeneration,* op. cit.; G. Cazzola, Questione del lavoro e crisi della politica. *Il Mulino*, v.XLIII, p.112-24, 1994. (p.123-4), onde se faz referência a V. Foa, È finita l'era della solidarietà, entrevista de A. Altichieri. *Corriere della Sera*. 4 abr. 1992, p.7; J.-F. Lyotard. *Il postmoderno spiegato ai bambini*. Milano: Feltrinelli, 1987, p.27.

21 H. Jonas. *Dalla fede antica all'uomo tecnologico*. Bologna: Il Mulino, 1991, p.53-4, 61.

22 P. Rossi. *Paragone degli ingegni moderni e postmoderni,* op. cit., p.123--60.

23 Cf. P. Rossi. *Il passato, la memoria, l'oblio*. Bologna: Il Mulino, 1991, p.18 e M. Ferraris. Fenomenologia e occultismo. In: G. Vattimo (Org.). *Filosofia 88*. Bari: Laterza, 1989, p.186.
24 P. Rossi. *L'eguaglianza delle intelligenze, in Immagini della scienza*. Roma: Editori Riuniti, 1977, p.71-108.
25 K. Löwith. *La mia vita in Germania*. Milano: Il Saggiatore, 1988, p.183. À luz da pergunta com que se encerra este parágrafo, estou totalmente de acordo com o que escreveu S. Lukes: "Na conjuntura atual, o *slogan* da esquerda deveria ser talvez anti-iluminismo". Cf. S. Lukes. Progresso, Progressista, *Iride*, v.VII, p.346-52, 1994, (p.352).

ADVERTÊNCIA

O Preâmbulo é inédito. O primeiro capítulo deriva de um texto que foi lido, em versão inglesa, no Palazzo Medici Riccardi de Florença em 14 de dezembro de 1990 durante o Congresso "History and Philosophy of Modern Science", organizado conjuntamente pela International Union of the History and Philosophy of Science e pelo Centro Fiorentino di Storia e Filosofia della Scienza. Em forma diferente da presente o texto foi publicado em italiano em Michele Ciliberto & Cesare Vasoli (Org.) *Filosofia e cultura*: per Eugenio Garin, Roma: Riuniti, 1991, v.II, p.397-415. O segundo capítulo é a reelaboração de um ensaio, escrito em 1975, que foi publicado em Evandro Agazzi (Org.) *Il concetto di progresso nella scienza*. Milano: Feltrinelli, 1976, p.37-87 e posteriormente inserido no volume *Immagini della scienza*. Roma: Riuniti, 1977, p.15-70. O terceiro capítulo, numa redação muito mais breve, foi publicado em *Iride*, v.VII, p.346-52, 1994.

As citações do início são extraídos de P. Valéry. *Sguardi sul mondo attuale*. F. C. Papparo (Org.). Milano: Adelphi, 1994, p.140; W. Benjamin. *Parigi capitale del XIX secolo*. Torino: Einaudi, 1986, p.701; O. Marquard. *Estetica e Anestetica*. Bologna: Il Mulino, 1994, p. 140-1.

ÍNDICE ONOMÁSTICO

Adam, C., 102n.31
Adão, 76, 87, 91, 92, 141n.8
Adorno, T. W., 98, 108n.120
Agazzi, E., 143
Agostinho de Hipona, 61
Agricola, G., 83, 105n.87
Agripa, C., 49, 75, 77, 105n.82
Alexandre Magno, 26, 32
Allen, D. C., 100n.10
Altichieri, A., 143n.20
Anaxágoras, 26
Apolônio, 70, 82
Archer, J., 57
Aristóteles, 26-7, 29, 56, 64, 66-9, 72, 78
Arnaud, E., 142n.13
Arquimedes, 70
Átila, 27, 29

Bacon, F., 16, 23-45, 51-3, 56, 59, 62-5, 67, 72, 79, 81, 83, 86, 98-9, 100n.6, 102n.21, 103n.45, 47 e 50, 105n.81, 83, 105n.86 e 88, 108n.119, 111, 113, 115-6, 132, 141n.1
Baillet, A., 103n.60
Baillie, R., 58
Baron, H., 64-5, 102n.38, 39 e 41, 104n.74
Barrows, S., 141n.9
Bayle, P., 132, 134-5, 143n.19
Benjamin, W., 5, 130-1, 143n.17, 145
Bentall, J., 108n.114
Bertelli, S., 44n.28
Bettini, A., 101n.18
Bianchi, L., 36, 45n.34
Bianchi, M. L., 141n.2

Blumenberg, H., 23, 25, 100n.10
Bobbio, N., 102n.22
Bodin, J., 74, 79, 85, 105n.93, 115
Bonanate, U., 105n.95
Bono de Ferrara, 81, 105n.77
Borel, P., 56, 101n.15, 143n.18
Borella, M., 105n.86
Borkenau, F., 109n.121
Boscherini Giancotti, E., 103n.55
Boyle, R., 38-9, 45n.40, 51, 63, 77, 82, 100, 102n.36, 105n.86
Brahe, T., 113
Brilli, A., 141n.9
Bruno, G., 15, 38, 40, 56, 75, 77, 85, 103n.66, 104n.67, 105n.94, 115
Buck, A., 103n.59
Buffon, G. L., 90, 106n.103
Burnet, T., 58, 90, 101n.19, 106n.101
Bury, J., 74, 102n.38

Campanella, T., 45n.48, 48, 60-1, 75, 99, 102n.22 e 28, 104n.66
Cannon, W. F., 107n.112
Capp, B., 101n.18
Cardano, G., 49
Carnap, R., 132
Carrell, A., 126
Casini, P., 107n.113
Cazzola, G., 143n.20

Céline, L. F., 128
Cento, A., 107n.113
Champollion, J. F., 112
Cícero, 75
Ciliberto, M., 145
Claget, M., 108n.118
Clemente de Alexandria, 76
Cobden, R., 108n.115
Cohen, B. I., 30, 102n.25
Cohn, N., 101n.18
Coke, E., 56
Collier, K. B., 107n.112
Colombo, C., 32, 60, 61, 116
Comênio, G. A., 53, 58, 72, 74, 83, 99, 100n.7, 103n.62, 105n.90, 108n.118
Comte, A., 94-5, 98, 121, 128, 132, 143n.15
Condorcet, J. A., 94-5, 98, 107n.113, 114
Copérnico, N., 56, 60
Cressener, D., 58
Crisciani, C., 105n.76, 78
Croston, A. K., 105n.95
Cudworth, R., 75

Dal Pra, M., 139n.8
Daniel-Rops, H., 126, 142n.12
Darwin, Ch., 90, 107n.112, 124
Dawkins, R., 142n.11
De Martino, E., 120
De Mas, E., 30, 44n.19, 45n.33
Debus, A., 75, 104n.66
Dédalo, 98-9
Dee, J., 75, 104n.66

Demócrito, 26, 35, 39, 66
Descartes, R., 51-3, 60, 62, 65, 69, 72, 83, 102n.31, 103n.60, 113, 131
Dewey, J., 132
Diderot, D., 74, 141
Diodoro de Sicília, 74, 112
Donne, J., 55, 56, 101n.12, 143n.18
Drieu de la Rochelle, P., 128
Dryden, J., 60, 102n.24
Dürer, A., 50, 100n.3

Eliade, M., 42
Ellis, R. L., 44n.1, 102n.30
Empédocles, 26
Epicuro, 39, 72
Erasmo de Roterdã, 64, 68, 103n.48
Ernst, G., 45n.48
Espinosa, B., 70, 93, 103n.55
Euclides, 32, 68, 70, 119
Eusébio, 76
Evelyn, J., 58

Fadini, D., 20, 21n.5
Fattori, M., 100n.7
Faure Solet, J., 107n.113
Ferraris, M., 144n.23
Ferrarotti, F., 143n.15
Ficino, M., 48, 75, 76, 104n.66, 104n.72
Firpo, L., 45n.48
Flaubert, G., 135, 143n.20
Fleury Mottelay, P., 105n.85

Fludd, R., 48, 75, 104n.73
Foa, V., 137, 143n.20
Fontenelle, B. de, 73, 103n.65
Foster Jones, R., 64, 74, 102n.38
Foucault, M., 16
Fournial, H., 122
Frankel, C., 107n.113
French, P. J., 104n.66
Freud, S., 121-3, 129-30, 144n.16
Friedmann, G., 128, 143n.14
Fukuyama, F., 21n.1

Gale, T., 77
Galeno, 56, 67
Galileu, G., 24, 52, 60, 62, 65, 69, 81, 83, 100, 103n.46, 105n.87, 113
Garavini, F., 143n.18
Garin, E., 43, 45n.32, 46n.55, 65, 75, 100n.6, 102n.40, 104n.66, 104n.75, 142n.13, 145
Gassendi, P., 93
Gehlen, A., 13, 21n.5
Gensérico, 27, 29
Gilbert, W., 82, 105n.85
Gillispie, G., 107n.112
Giorgio, F., 75
Gliozzi, G., 141n.8
Gombrich, E., 113
Gould, S. J., 46n.56
Gregório Magno, 33, 34
Gregory, T., 42, 45n.50
Greville, F., 84, 105n.92

Grierson, H. J. C., 143n.18
Grosart, A. B., 105n.92
Grossman, H., 109n.121
Grozio, D., 58, 101n.17
Güssman, F., 113

Haber, F. C., 107n.112
Hakewill, G., 61, 64, 102n.27
Hall, J., 86, 105n.95
Hall, A. R., 108n.118
Harrington, J., 57
Harris, M., 107n.114
Hartlib, S., 83, 108n.118
Harvey, G., 85, 105n.94
Harvey, W., 103n.66, 113
Haydn, N., 100n.1O
Heath, D. D., 44n.1, 102n.30
Hegel, G. W., 132, 143n.15
Heidegger, M., 12, 129
Helliot, J., 101n.18
Heráclito, 26
Hermes Trismegisto, 76, 78, 82
Hill, Ch., 56, 101n.18
Hipócrates, 67, 79
Hobbes, T., 86, 93, 101n.18, 105n.95
Hofstadter, R., 107n.114
Hooke, R., 45n.41, 60, 88, 90, 102n.23, 106n.98, 104
Hooykaas, R., 106n.104
Horapollo, 112
Horkheimer, M., 98
Hume, D., 118, 132, 141n.8
Huxley, T., 124

Huygens, C., 105n.89

Jacob, M. C., 101n.18, 105n.86
James, H., 121, 125, 141n.9, 142n.12
James, W., 124, 142n.11
Jeauneau, E., 103n.59
Jefferson, T., 119, 141n.8
Jonas, H., 136-7, 143n.21
Jonson, B., 64
Jurieu, P., 58

Kant, I., 114, 131-3, 141nA, 143n.19
Keith, T., 104n.71
Kepler, J., 55-6, 79, 100, 101n.13
Keyserling, K., 97, 108n.117
Kierkegaard, S., 127
Kircher, A., 75, 112, 141n.2
Knikerbocker, H. R., 127, 142n.13
Knolloys, H., 57
Koenigsberger, H. G., 101n.18
Kristeller, P. O., 102n.38, 104n.74
Krusch, B., 106n.104
Kubrin, D., 40, 45n.45
Kuklick, B., 19, 21n.12

La Peyrère, I., 93
La Vergata, A., 20, 141n.8, 142n.11
Labriola, A., 126, 142n.13
Lakatos, I., 113

Lattanzio, 61, 76
Lawrence, D. H., 126, 142n.12
Le Bon, G., 122-3, 141n.9
Leibniz, G. G., 70, 74, 83, 89-90, 94, 99, 103n.56, 106n.102, 124
Leiss, W., 109n.121
Lenoble, R., 100n.8
Le Roy, L., 61, 102n.29
Leonardo de Capua, 72, 103n.63
Leucipo, 26
Levin, H., 51-2, 75, 100n.5
Lilburne, 56
Lipsio, G., 54, 101n.11
Lívio, 32
Lombroso, C., 123
Lookwood, W. A., 101n.18
Lovejoy, A. O., 13
Lowith, K., 12, 42, 139, 144n.25
Lubbock, P., 142n.12
Lucrécio, 40, 74, 93
Lukács, G., 9, 21n.2, 127, 142n.13
Lukes, S., 143n.25
Lyotard, J. F., 136, 143n.20

Maddox, J., 99, 105n.120
Magalhães, F., 60
Malebranche, N., 70, 103n.54
Malpighi, M., 60
Manganaro, P., 143n.19
Manuel, F., 94, 101n.18, 105n.93, 106n.110, 107n.114

Maquiavel, N., 33-4, 36-7, 40, 44n.28
Marcel, R., 104n.72
Marcialis, M. T., 103n.65
Marquard, O., 5, 13, 14, 21n.5, 143
Marx, K., 130
Mathias, P., 108n.118
Maudsley, H., 123
Mede, J., 57, 101n.17
Melchionda, M., 44n.26
Mersenne, M., 54, 72, 83, 100n.8, 103n.61, 105n.88
Merton, R. K., 103n.59
Meyer, H., 107n.112
Minotauro, 98-9
Moisés, 76, 79, 106n.112
Mondolfo, R., 103n.59
Montaigne, M. de, 132, 143n.18
Monti, C., 21n.3
More, H., 58, 75
Morel, B. A., 123
Morton, A. L., 101n.17
Murray, R. H., 103n.48
Musil, R., 21n.3

Nacci, M., 20, 124, 142n.12
Naudé, G., 54
Negt, O., 143n.15
Newton, I. 15, 39, 40, 45n.45, 60, 77, 79, 100, 101n.18, 115
Nietzsche, F., 117, 119, 121
Noé, 76
Nordau, M., 122, 142n.10

Orfeu, 76
Orsini, N., 33, 35
Ortega y Gasset, J., 125-6, 142n.12
Ottone, P., 9, 21n.1
Ovídio, 75

Pagel, W., 75, 104n.66
Papparo, F. C., 145
Paracelso, 49, 56
Paré, A., 50, 100n.4
Parmênides, 26
Pascal, B., 68, 71, 73, 103n.49, 113
Pasifae, 98
Pasoli, E., 101n.13
Peden, W., 141n.8
Peiresc, N., 54
Pera, M., 143n.18
Philipp, W., 100n.10
Piana, G., 142n.13
Pick, D., 142n.10, 143n.20
Pico della Mirandola, G., 75-6
Pietro Bono da Ferrara, v. Bono da Ferrara
Pintard, R., 100n.9
Pitágoras, 23, 66, 76
Platão, 23, 26, 29, 66-9, 72, 78, 104n.72
Plínio, 64
Pocock, J. G. A., 101n.18
Policiano, 64
Porta, G. B. della, 49, 75, 112
Power, H., 59, 101n.20

Preti, G., 102n.38, 103n.49
Prospero, A., 44n.26
Ptolomeu, C., 56, 68

Rabinowitch, E., 108n.120
Raleigh, W., 77
Ramelli, A., 50, 100n.2
Ramo, P., 56
Ranchetti, E., 141n.8
Rattansi, P. M., 104n.72, 108n.118
Ray, J., 88, 106n.96 e 97
Renzoni, M., 106n.103
Rescher, N., 17, 21n.7
Righini Bonelli, M. L., 108n.118
Rorty, R., 21n.12, 117, 141n.6
Rossi, P., 44n.1, 45n.47, 100n.1, 106n.104, 141n.1, 143n.17
Rousseau, J.-J., 79
Runcini, R., 142n.12
Russell, B., 108n.115

Saint-Pierre, B. de, 95
Saint-Simon, C. H., 94, 98
Sampson, R. V., 107n.113
Sasso, G., 18, 21n.9, 34- 5, 45n.30, 108n.116, 141n.6
Savonarola, G., 34
Scarpelli, G., 142n.10
Scheler, M., 109n.121, 125, 142n.12
Schelling, F. W. J., 127
Scherz, G., 107n.112

Schmitt, C. B., 77, 104n.70
Schneer, C., 107n.112
Schneewind, J. B., 21n.12
Schopenhauer, A., 10, 121
Schweitzer, A., 125, 142n.12
Scott, E. J. L., 105n.94
Scribano, E.,
Serini, P., 141n.8
Severino, P., 63, 102n.35
Shakespeare, W., 43, 46n.53
Shea, W., 108n.118
Shumaker, W., 104n.71
Sighele, S., 122-3
Signorile, C., 107n.113
Simon, R., 93
Sini, C., 143n.11
Skinner, Q., 21n.12
Solinas, G., 107n.112
Sombart, W., 125, 142n.12
Sormani, A., 107n.114
Spedding, J., 44n.1, 102n.30
Spencer, H., 95, 98, 107, 114, 125
Spengler, O., 12, 97, 121, 124, 142n.12
Sprat, T., 105n.91
Spurgeon, C., 46n.53
Stalin, J., 127, 142n.13
Starobinski, J., 21 n.11
Stevenson, R. L., 121, 141n.9
Suckford, S., 91, 106n.107

Tabarroni, G., 101n.13
Taine, H., 122-3, 141n.9

Tannery, P., 102n.31
Tarde, G., 122-3
Taylor, F. S., 80, 105n.79, 107n.112
Teich, M., 104n.72, 108n.114
Telesio, B., 45n.33
Toland, J., 76, 93
Tomás de Aquino, 42
Toynbee, A., 12
Trengove, L., 101n.18
Tritêmio, 75
Turgot, R. J., 94-5, 107 n.113
Twisse, W., 101n.17

Vacca, G., 11, 21n.4
Valéry, P., 5, 124, 142n.12, 145
Valletta, G., 60, 102n.25
Vasoli, C., 104n.66, 145
Vattimo, G., 139n.6, 143n.23
Vaughan, T., 105n.80
Viano, C. A., 19, 21n.10
Vico, G., 45n.41, 76, 86, 92, 106n.108, 115
Virgílio, 75
Vives, J. L., 64
Voltaire, 118, 141n.8

Waite, A. E., 105n.80
Walker, D. P., 75, 104n.66, 104n.69
Warburton, W., 92, 106n.109
Weisinger, H., 104n.74
Wetter, G., 142n.13
Wiener, P., 102n.38, 104n.74

Whiston, W., 45n.46
White, H. B., 43, 46n.54
Whitney, L., 107n.113
Wilkins, J., 63, 102n.33
Williams, A., 100n.10
Williams, R., 108n.114
Williamson, G., 100n.10
Woodward, J., 91, 106n.105
Woolf, V., 120, 141n.9

Yates, F. A., 75, 104n.66, 67 e 71
Young, R., 104n.72, 107n.114

Zambelli, P., 45n.48, 104n.72
Zilsel, E., 51
Zola, E., 121, 123
Zolla, E., 139
Zoroastro, 82

SOBRE O LIVRO

Coleção: Ariadne
Formato: 12 x 21cm
Mancha: 20,6 x 43 paicas
Tipografia: Garamond 11/13
Papel: Pólen 80 g/m² (miolo)
Cartão Supremo 250 g/m² (capa)
1ª edição: 2000

EQUIPE DE REALIZAÇÃO

Produção Gráfica
Edson Francisco dos Santos (Assistente)

Edição de Texto
Fábio Gonçalves (Assistente Editorial)
Maria Cristina Guimarães Cupertino (Preparação de Original)
Armando Olivetti Ferreira e Tereza Maria Lourenço Pereira (Revisão)
Oitava Rima Prod. Editorial (Atualização Ortográfica)

Editoração Eletrônica
Oitava Rima Prod. Editorial

Impressão e acabamento